実話怪談

# 犬鳴村



竹書房文庫

# まえがき

吉田悠軌

本書は史上初の「犬鳴村本」となる。

「犬鳴村」および「旧犬鳴トンネル」は日本を代表する最恐の心霊スポットとされ、「犬鳴村伝説」は最も有名な土地にまつわる怪談・都市伝説である。そしてまた、杉沢村と並ぶインターネット怪談の元祖ともいえる存在だ。

そのため犬鳴村にまつわる事象については、これまで多くの場で言及されてきた。

二〇二〇年には清水崇《しみずたかし》監督の東映映画『犬鳴村』も公開され、大ヒットを飛ばしている。

とはいえ、まるごと犬鳴村を特集した書籍は、これが空前の一冊となるだろう。

ただし、絶後となるかはわからない。今後まだまだ、犬鳴村に着目した本が出てこないとも限らない。

なにしろ「犬鳴村」というのは、誰もが語りたくなる伝説なのだ。

まだ地域限定のローカル怪談だった頃から、地元・福岡のみならず九州北部の若者たちに知らぬものはいなかった「犬鳴村」。

インターネットが普及し、匿名掲示板が広まっていくにつれ、日本全国のネット民が「犬鳴村」に注目し、様々な噂や考察を語り合ってきた。

皆、なぜこうも「犬鳴村」を語るのが好きなのだろうか？

異界である犬鳴村と、実在する旧犬鳴トンネル。

その虚実の混ざり具合がちょうどよく、日本人の根っこに潜む恐怖とロマンの琴線を、ちょうどよく刺激してくれたからではないか。

その恐怖とロマンとはつまり、次のようなものだ。

「日本のどこかには、まだ『謎の集落』が隠されていて、おどろおどろしい因習や怪談めいた秘密が受け継がれているのではないか――」

本書の第一部では、「犬鳴村」および実際の犬鳴エリアを紹介・解説していく。

ただし、それだけでは「犬鳴村」の全貌に触れることはできない。

なぜ「犬鳴村」が人気を博したかを理解するには、現代日本人が持つ「謎の集落」への恐怖とロマンについて知っておくべきだろう。

だから本書では、「杉沢村《すぎさわむら》」や「樹海村《じゅかいむら》」など、その他の伝説についても触れていくこととなるはずだ。

さあ、犬鳴村という謎の集落へ、探索を始めてみよう。

旧犬鳴トンネル、久山町側（福岡市側）の入口。ブロックで塞がれているのは宮若市側と同じだが、こちらは上部に隙間があるため、乗り越えてトンネル内に侵入する若者が後を絶たない。

# 目次

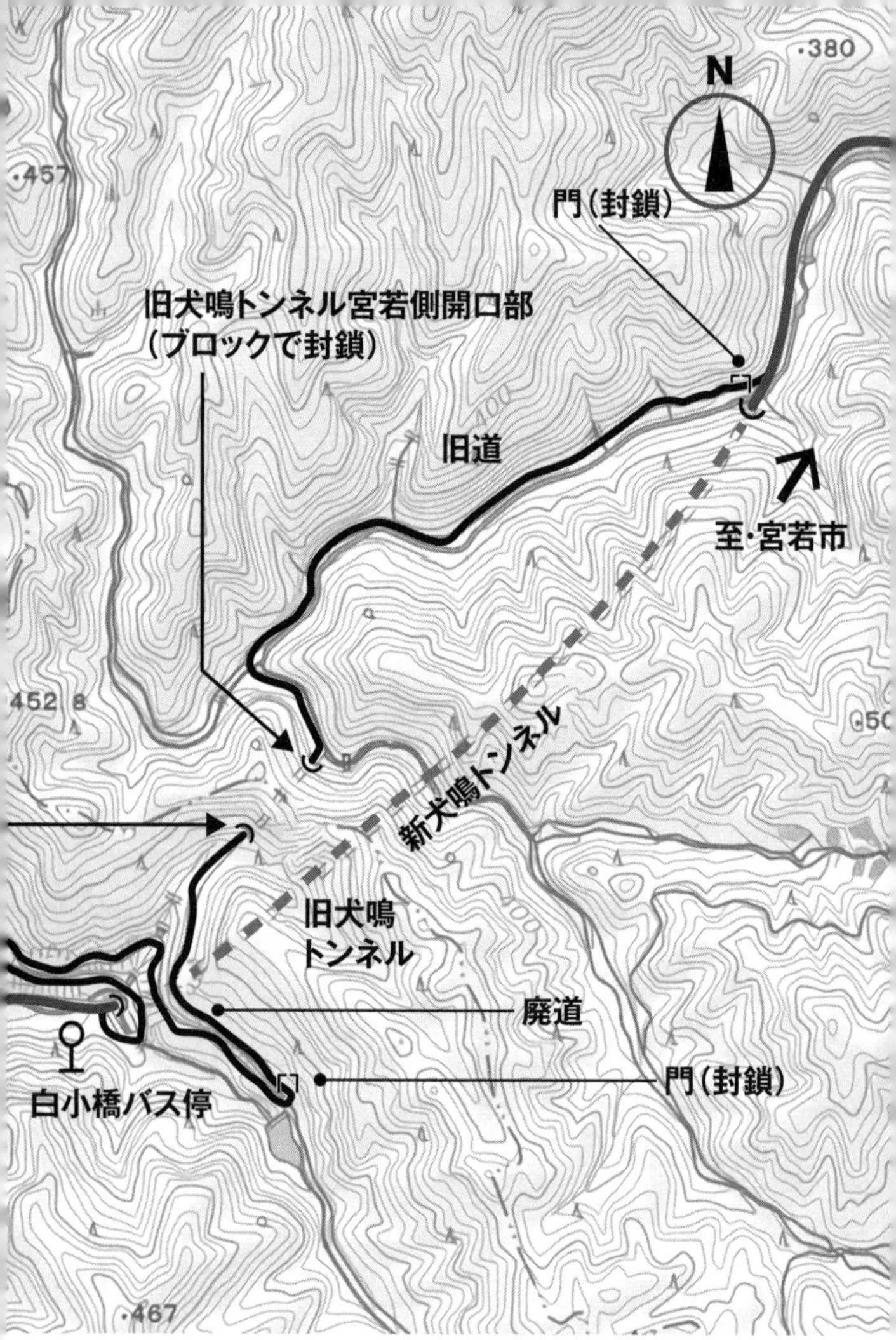


地理院地図をもとに作成

351.5
山陽新幹線「福岡トンネル」
308
91
旧犬鳴トンネル福岡側開口部
（ブロックで封鎖）
403
至・福岡市・久山町
21
324

# warning

この記事は当該地域を訪れることを意図したものではありません。

旧犬鳴トンネルは久山町・宮若市両側にトンネルの入り口がありますが、トンネルに向かう旧道を含め現在は通行できません。両自治体では旧道の入り口に門を設け、旧道自体への侵入も禁止しています。不法侵入は犯罪になります。なお、作業車等の通行の妨げになりますので、門の前での駐車も控えてください。

また、近隣住民の迷惑になるような行為（大声、花火、ゴミの放置、落書き等）もしないようにしてください。

# 第一部　犬鳴村伝説とはなにか

吉田悠軌

吉田悠軌（よしだ・ゆうき）

著書に『一生忘れない怖い話の語り方』(KADOKAWA)、『恐怖実話 怪の残響』『恐怖実話 怪の残像』『恐怖実話 怪の手形』『恐怖実話 怪の足跡』（以上、竹書房)、「怖いうわさ ぼくらの都市伝説」シリーズ（教育画劇)、『うわさの怪談』（三笠書房)、『日めくり怪談』（集英社)、『禁足地巡礼』（扶桑社）など。

月刊ムーで連載中。オカルトスポット探訪雑誌『怪処』発行。文筆業を中心にTV 映画出演、イベント、ポッドキャストなどで活動。

# 「この先、日本国憲法つうじません」

犬鳴峠は、福岡県宮若《みやわか》市と糟屋《かすや》郡久山町《ひさやままち》（方向として福岡市側）との境をまたぐ山中のルートである。

昔から交易のための道が敷かれており、現在使用されている新道・新トンネル（「新」といっても開通から四五年経っているが）はそれなりに交通量も多く、寂れた雰囲気はない。

ただし、もはや使われなくなってしまった旧道および旧トンネル付近には、様々な怪談・都市伝説がささやかれ続けている。

その代表格が、「犬鳴村」という謎の集落にまつわる噂だ。

そして犬鳴村のシンボルとしてよく語られるのが、「この先、日本国憲法つうじません」と書かれた看板の存在である。

旧トンネル近くの山中どこかに、そうした不穏な文言の看板が立っているという。看板から奥に足を踏み入れば、もうそこは「犬鳴村」。不用意に近づいたものは村人たちに襲われ、命の危険すらあるというのだ。

この犬鳴村伝説が全国に広まった時期は、インターネットの普及と足並みをそろえている。

今現在、確認できる最も古いネットのログは、2ちゃんねる（現・5ちゃんねる）にて一九九九年一〇月三〇日にたてられたスレッド「犬鳴峠」だろう。そこではまず、当時のテレビ番組『特命リサーチ200X』（日本テレビ）のサイト、調査依頼ページに寄せられたリクエストへとリンクが貼られている。

当該ページは削除されているが、テキスト自体は5ちゃんねる過去ログ倉庫に転載され、生き残っている。

やや長いが、改行個所のみ変えて、ここに全文引用しておこう。

依頼主　匿名希望
タイトル『日本に在って日本でない村』
依頼内容

福岡県で犬鳴峠という地元ではとても有名な心霊スポットがあります。

私は心霊の類は一切信じないのですが、この地域はどうやら心霊だのなんだのを抜きにして非常に奇妙な場所のようなのです。

犬鳴峠の、あるトンネルの横に普通では絶対見落としてしまうような畦道があります。その畦道を上っていくとどんどん道は狭くなっていきます。それでも上っていくと、なんと地図に載っていない村があるのです。畦道の途中には「この先、日本国憲法つうじません」といった旨の立て札もあるそうです。

ある夜、この村に行こうとした知り合いは、村の入り口（？）にプレハブ小屋を見つけました。ふと車を止めてそのプレハブを見ていると、いつのまにか4、5人の男が集まっていて、所謂キレた（イった）目でこっちを見ていたそうです。彼らはすごい速さで車に近付いてきて、「これはヤバい!!!」と思った知り合いらは慌てて来た道（村の入り口は急に広くなるためUターンができる）を引き返したそうですが、車の後ろ部分は、斧のようなものでボロボロにされたそうです。

また昼に村に行った別の知り合いは、昼には村には誰もいなくて、ボロボロの木で戸を打ち付けられた家が何個かあって、広場（？）のような開けた場所に、島根ナンバーの白い車がグチャグチャになって放置されていたといいます。そういえば、以前、この地域で島根のカップルが行方不明になったという話がありました・・・。

また、奇妙なことにその周辺では、どこのメーカーの携帯電話も圏外になるという奇妙な現象も起こります（私のもそうでした。）。また、未確認ですが、そこからもっとも近い某コンビニの公衆電話は110番が通じないとのことです。

ある人から聞いたのですがこの村は、警察や国家権力の介入ができない「特別なんとか保護（?）地域」なんだそうです。たしかに、地元ではとても有名な場所に関わらず、TV等の取材もなぜか峠止まりなのです。

一説には、この村は江戸時代以前とても酷い差別を受けていていつからか外界との接触を一切断ち、その村だけで自給自足し、また女性の絶対数が少ないため近親相姦を繰り返し、遺伝的に危ない人になったのではという話もありますが、それは単なる憶測に過ぎません。

一刻も早い調査をお願いします。

最近、興味半分でこの地域に行く若者が急増しているのです・・・。

（原文ママ）


その後、インターネットを中心に広まる犬鳴村伝説の要素が、ここであらかた出そろっているのがわかる。そして文中の言い回しからわかるとおり、この噂は地元ではすでに有名なものだった。一九九〇年代には確実に、あるいはさらに昔から、九州北部の若者にとって「犬鳴村」はよく知られた存在だったのだ。

結局、同番組が調査を進めることはなかったが、このリクエスト文はその後、2ちゃんねるのみならずネット上で拡散。これによって犬鳴村伝説という福岡のローカル怪談が、全国に広く知られるようになっていく。

もちろん、これは無責任かつ不謹慎なデマに過ぎない。

しかし二〇〇〇年代初頭の日本において――より正確に言えば、普及期に入った日本のインターネット空間において――ある程度の説得力を持って流布した噂だったことは確かである。

半信半疑ながらも、こうした「犬鳴村」が実在するのではないか、というロマンをかきたてられた人々は当時、一定数いたはずだ。さらにいえば、犬鳴村の噂を語ることは「うそはうそであると見抜ける人」たちによる、物語づくりのゲームでもあった。後述する「杉沢村」と並んで、まだアングラだったネット文化ならではの現象といえよう。

# 犬鳴村伝説の広まり

## 一　一九八八年の殺人事件

それでは、犬鳴村の噂がどのようにして生まれ、インターネット空間へたどり着いたのかを見ていこう。

「犬鳴村」伝説はデマである。怪談としての「犬鳴村」は、ストレートな意味では存在しない。

ただ、かつて犬鳴川上流エリアに、「犬鳴谷村」を含む集落があったのは確かだ。しかし犬鳴ダム建設にあたり（一九七〇年着工～一九九四年竣工）、集落のほとんどはダムの底に沈んだ。住民たちは一九八五年に完成した移転先用の宅地、またはその他エリアへと次々に引っ越していったのである（『若宮町誌』下巻　編：若宮町誌編さん委員会）。

一方トンネルはといえば、一九七五年から新道と新トンネルが開通したため、旧道および旧隧道《ずいどう》を使うものはいなくなった。そして全国津々浦々で必ず起こる現象として、使われなくなった廃トンネルはあっという間に心霊の噂がささやかれるようになる。一九七九年、一〇キロメートルほど離れた力丸《りきまる》ダムにて、女性の強姦殺人事件や保険金殺人事件がたて続けに発生したことも、恐怖の噂を加速させることとなっただろう。

すでに地元で有名になっていた旧犬鳴トンネルだが、この時点ではまだ、どこにでもあるような心霊スポットの一つに過ぎなかった。

しかし八〇年代末、ここを特異点とさせる決定的な事件が起こったのである。

一九八八年一二月七日、旧犬鳴トンネル付近において、福岡県田川郡の工員・Uさん（二〇）が焼死体で発見された。警察は田川地区の少年グループ五名（一六〜一九歳）を犯人と断定、殺人と監禁容疑で逮捕する。

その前日、車にて帰宅途中のUさんが信号で停まっていると、突然、乱暴にウインドウが叩かれた。

「女を送るのに格好つかんたい、車貸せ」

そう言ってきたのは、Uさんの知人の少年たち。盗んだ軽トラックを所持していたものの、ナンパした女性とのデートのために見栄えのよい車を使いたいというのだ。彼らの素行の悪さを承知していたUさんは、貸した車が無事に返ってくる訳がないと、申し出を拒否。

するとと激昂した少年たちはUさんを暴行、そのまま拉致してしまう。Uさんは何度か逃走をはかったが、そのたびにクランクやレンチなどの工具で暴行を加えられた。

さすがに途中、グループのうちの一人が「もうやめよう」と言い出した。しかし主犯格の少年は、この暴行の事件化、および余罪の発覚を恐れ、むしろ極端な行動へと走っていった。

「俺たちは共犯だからな」

Uさんを、口封じのため殺害しようと計画したのである。

七日未明、いったんはUさんを京都郡《みやこ》の苅田《かんだ》港岸壁から海に落とそうとしたが失敗。

「このままでも殺人未遂になる。パクられないように殺そう」

もはや闇の意志が、グループ全員に伝染してしまっていた。彼らは車を旧犬鳴トンネルへと走らせた。幽霊が出ると噂される廃トンネルだ。こんな時間に人と出くわすはずもない。

旧トンネルに着いた少年達は、助けを求めて暴れるUさんの口に破った服をねじ込み、手足を縛った。そして道端から拾った石で、その頭を何度も何度も、何度も殴りつけた。

ぐったりしたUさんの体に、ガソリンをまきちらした。ほんの少しでも捜査を遅らせるため、その身元をわからなくさせるという目的のためだけに、焼き殺そうとしたのだ。

正確な状況は不明だが、生きたまま、意識のあったまま、焼死させられたともいう。少量のガソリンだったため、一気に燃えて失神せず、長時間苦しんだともいう。のたうちまわりトンネルの端から端まで逃げ、入り口脇のガードレールで燃え尽きたともいう。そのガードレールには、しばらく黒い煤《すす》がついたままだったともいう。

そして加害者たちは犯行後、地元の飲食店にて休憩しつつ「たった今、人ば焼き殺してきた!」と武勇伝さながらに自慢していたともいう。

心霊スポットとは日常の近くに存在する「異界」である。

「日常の近く」というのも一つのポイントで、繁華街ど真ん中ではないものの、同時に険しい山奥や鬱蒼たる森林の中でもない。街と街の間の少し離れたところ、車でなら難なく行けるような都市の辺縁に位置することが多い。

そのような「境界」の場という属性を抱える心霊スポットは、若者全般、それも特に「半アウトロー」と相性がよい。ちょっとした不良少年よりも悪質だが、ヤクザや半グレ、政治・宗教の過激グループほどには社会逸脱者（＝アウトロー）でもない輩たち。

半アウトローたちと心霊スポットは、ともに「中途半端な闇」なのだ。だからこそ、厄介な相乗効果により、歯止めのきかない暴走を引き起こしたりもする。ただ単に肝試しに訪れるだけではなく、ゴミのポイ捨てやイタズラ描き、火を燃やしたり器物破損まで行ったりするケースは枚挙に暇がない。

そうした行為の究極が、殺人なのだ。

二〇〇四年には千葉県東金市の廃墟「ホテル活魚」にて、不良少年四人が女子高生を殺害・遺棄した。二〇〇六年、岐阜県中津川市の廃墟「華の城」（現在は解体）で、一五歳少年が一三歳少女を絞殺し、これもそのまま遺棄。

殺人事件の舞台となった場所は、その記憶によって、さらなる恐怖の空間として認識される。それがまた半アウトローの輩たちを呼び寄せることになり……と、心霊スポットにおける負のスパイラルが続く。

「犬鳴」一帯は、こうした意味でも、日本を代表するスポットとなってしまったのである。

## 二　その他、犬鳴エリアでの事件・事故

すでに心霊スポットとして名をはせていた犬鳴トンネルだったが、上記のリンチ殺人事件の影響は大きかった。その知名度は全国区になり、日本でもトップクラスに怖ろしい場所と認識されるようになる。

まずそこにあったのは「事件の犯人のような不良がうろついているのでは」という現実的な恐怖だ。

実際、ここから三〇年近くにわたって、犬鳴エリアにはおびただしい数の不良たちが訪れるようになった。それらの実体験談は、本書の「新旧『犬鳴』訪問者インタビュー」と「犬鳴村特別座談会」で触れているので、参照していただきたい。

そしてもちろん心霊スポットであるのだから、殺人事件の余波は現実的恐怖だけでなく、心霊的な恐怖にも変換されていく。

事件後、新たな噂として、「白いセダンで犬鳴トンネルを訪れると祟られる」「トンネル前に〝白いセダンは引き返すように〟との看板が立っている」なども流れたが、これは被害者が白いセダンに乗っていたとされるためだ。実際のUさんの車は軽自動車なのだが、

「白いセダン」は当時の都市伝説に頻出するホラーアイテムだったので、ここにも転用されたのだろう。

しかし意外にも、被害者とおぼしき霊にまつわるエピソードは少ない。あまりにも凄惨な事件は、怪談になりにくいのだ。他にも「女子高生コンクリート殺人事件」や、広島・長崎の原爆投下などについては、被害者たちの霊が出たという噂すら出てこない。怪談というシステムは、想像を超えた悲惨さに対しては、ほとんど機能しなくなってしまうのである。

犬鳴にまつわる怪談のほとんどは、

①「車内に無数の手形がつく」といった体験談

②「女」「白い服の女」の目撃譚

③「生首が転がっていた」という情報

……の三種類にほぼ、集約されてしまう。

①については犬鳴の地域性とは無関係だろう。「トンネル・車・手形」という三題噺《ばなし》の元祖は、おそらく神奈川の小坪《こつぼ》トンネルにおける、キャシー中島の実話怪談に端を発するものだ。そこから「車の窓につく手形」は日本全国のトンネル怪談の典型となったため、旧・新犬鳴トンネルにも余波が及んだと考えられる。

②女の霊の噂は、力丸ダムにおける殺人事件の影響が強いだろう。いずれも一九七九年のこと。七月に福岡在住のＯＬが連れ去られる強姦殺人が、一一月には保険金をかけられた妻が車ごとダムに転落させられる事件が発生。

つまり、被害者はどちらも若い女性なのだ（後者の保険金殺人ではドライバー役の共犯男性も死亡しているが）。同じ現場で、わずか四ヵ月のうちに起きた残忍な殺人事件の衝撃は大きかっただろう。近くの犬鳴エリアの怪談にも影響を及ぼしたことはじゅうぶん考えられる。

③については、もっと単純な話だ。かつての犬鳴エリアでは、旧道および新トンネル付近に、マネキンの生首がいくつも放置されていた。その状況をふくらませた、あるいは本物の首と見間違えた人々による噂かと推察される。

私が聞き及んだ体験談の中には「旧トンネルの肝試しから帰る途中、地面にはえた生首を車で踏みつけてしまった」というものもあった。本人はいたって真面目な怪談として語っていたが、おそらくそれはマネキンの首だったのだろう。

いずれも、旧トンネルの殺人事件に比べ、時代や距離が離れていたり、イタズラに起因するものだったりという点が「怪談として語りやすかった」のである。

またこの他にも、犬鳴エリアを心霊スポットとして後押しするような悲劇も起きた。

一九九二年、ワゴン車にて犬鳴峠に「幽霊見物」に行った少年一〇人（九人乗りの車なので乗員超過）が、帰り道に事故を起こす。なぜかいっさいブレーキもかけず、誘われるように電柱へと激突したのだ。運転手は意識不明の重体、その他も重軽傷を負った。警察からは居眠り運転と見なされたが、不自然な事故の経緯から、「犬鳴トンネルの祟りでは」との噂もたってしまう。

二〇〇一年、旧犬鳴トンネルを訪れた佐賀県の若者が、同じく帰る途中で事故に遭う。若者たち五人は、「犬鳴峠に幽霊を見に行こう」と軽自動車（これも乗員超過だ）で向かったその帰り道、バイパスにてトラックと正面衝突。四人が死亡、一人が重傷を負う惨事となった（トラック運転手は軽傷）。ちなみに私の佐賀県出身の知人は、この被害者たちの同級生だったという。葬儀にも参列しており、「犬鳴トンネルに行った際の事故死」として強い印象が残っているそうだ。

これらの事故は偶然に過ぎないにせよ、「犬鳴の祟り」の噂を強化してしまう結果となったのは、ある意味で仕方ない。

旧犬鳴トンネルを訪れることは、（不良と出くわすなどの）現実面でも（祟りなどの）

霊的側面でも「命の危険」に関わるのではないか……。地元を知らない県外民たちにもそう思わせる印象は、確実に他の心霊スポットより頭一つ抜けていた。

これらの下地が、「犬鳴村伝説」という噂を支えていたのである。

旧犬鳴トンネルに向かう旧道。
殺伐とした雰囲気が恐怖を煽る。

## 三　ネット以前の「犬鳴村伝説」

福岡県内では「犬鳴村伝説」がどのように生まれ・広まり・発展していったのか。その最初期のなりたちは、資料や証言がほとんど無いため、定かではない。ただ、ある程度まで噂が大きく広まってからの検証は可能だ。

「朱い塚」管理人・塚本《つかもと》氏へのインタビュー（Ｐ68参照）、その他の証言を参考にすれば、まず一九八八年の殺人事件によって、旧犬鳴トンネル一帯が（不謹慎ながらも）心霊スポットとしての知名度を上げる。そこから数年経ち、事件の噂が落ち着いてくるにつれ、その陰に隠れていた「犬鳴村」がフィーチャーされるようになり……といった流れだったという。

また、旧トンネルとは別の旧道を進んだところに、いくつかの民家や廃屋があったこと、事件以降の訪問者の増加により、周辺住民とのトラブルも頻発していたこと、といった点は紛《まぎ》れもない事実だ。

廃車の不法投棄の他、肝だめし中のポイ捨て、面白半分にマネキン人形などを置くケース（次に来たものの恐怖を煽《あお》るためだろう）もあり、一帯にゴミが散乱していく。暴走族の集会や、畑を荒らす行為も頻発していたという。

業を煮やした住人らは、「監視カメラ作動中」「警察に通報します」など、違法行為を警告する看板を設置。中にはかなり強い文言を手書きしたものもあったようだ。皮肉なことに、それが伝説の要である「この先、日本国憲法つうじません」という看板のイメージにつながったとも推察できる。

不法侵入者を見かけた際、追いかけたり怒鳴《どな》りつけたりした地元民もいただろう。暴走族グループに対して、こちらが単身であれば、なんらかの得物を手にしていても不自然ではない。そして追いかけられたり怒られたりした方は、本当はただの地元民だと知りつつも、自らの体験を「犬鳴村」の恐怖譚へとふくらませ、仲間うちに伝えていったのではないか。

また別の証言として、七〇年代後半の犬鳴峠について扱った読売新聞の記事を紹介しておこう。旧犬鳴トンネルの心霊の噂は、やはり廃道となった一九七五年から始まったと推察しつつ、「そのころ、旧道付近に〝夜の住人〟たちが出没していて、これが幽霊話に転化した」という地元産業建設課職員の談話を続ける。

「旧道沿いの山中にホームレス数人が小屋を建てて住み、漢方薬店から依頼された業者が、夏の夜間、付近にテントを張り、夜行性のマムシを求めてさまよっていた——というのが、幽霊の正体だと指摘する」（二〇〇〇年九月一八日読売新聞西部夕刊「遠望細見」）

犬鳴村伝説を広めた『特命リサーチ200X』の投稿文にあった、「プレハブ小屋」や「ボロボロの木で戸を打ち付けられた家」は、このホームレスたちの小屋だった可能性は高い。少なくともそれらの目撃者が一定数おり、伝言ゲームにて歪んだ想像を広める原因になったとは考えられる。

件のホームレスたちは、街の片隅に一人でいるか、あるいは大きな公園内にまとまって居住するという「都市内部の存在」ではない。都市の辺縁たる郊外の山中にて、即席以上の造りの小屋を建て、数人で小さなグループを形成しているという状況である。

昔から日本人がロマンチシズムと差別の入り混じった視線で眺めていた「山の民」「異人」といったイメージが彼らに投影され、犬鳴村伝説への源泉となったのではないか。「漢方薬店から依頼された業者」にしても、見知らぬ数名の人間がいきなり山中に滞在しているという状況が、訪問者たちに似通ったイメージを想起させたのかもしれない。

## 四　インターネットとの関わり

犬鳴村伝説については、インターネットとの関わりを外すわけにはいかない。その筆頭、噂を全国区へと知らしめた原因は、先述したとおり「2ちゃんねる」だ。とはいえ、もっと前の匿名掲示板「あやしいわーるど」「あめぞう」、またはパソコン通信の一部などにおいて、犬鳴村にまつわる噂がささやかれていたのも事実のようだ。

2ちゃんねる創設は一九九九年五月、件の「犬鳴村」スレッドが同年一〇月。しかしインターネットと怪談・オカルトの双方に通じていた当時の古参組にとっては、二〇〇〇年前後のタイミングですら「今さら犬鳴村の話なんてしているのか」と感じられたという。この点については、九州の地元民とそう変わらない印象であるところが興味深い。

だから「犬鳴村伝説はインターネットによって全国に広まった」とは正確な物言いではない。犬鳴村の噂は、地元ではとっくの昔に知られていたし、ネット界隈でも、やや遅れた九〇年代後半には話題となっている。むしろ日本社会におけるインターネットの普及、特に2ちゃんねるなど匿名掲示板の浸透によって、二〇〇〇年以降「ＩＴにも怪談にも詳しくない一般大衆に、噂が届くようになった」との解答が正しい。

そして二〇〇一年一月二五日、人気テレビ番組『奇跡体験！アンビリバボー』（フジテレビ）が「地図から消された犬鳴村」特集を放映したことで、犬鳴村伝説はさらにメジャーな認知度を得ることとなる。ＩＴ革命・情報化社会と騒いでいても、当時はまだまだテレビの影響力が大きかったのである。

「うそはうそであると見抜ける人でないと（掲示板を使うのは）難しい」

二〇〇〇年五月、西鉄バスジャック事件を受けて、2ちゃんねる管理人・ひろゆきが発した有名なコメントだ。裏を返せば、この時点ですでに、パソコン通信から「あやしいわーるど」「あめぞう」などを経たネット民たちの多くは「うそはうそであると見抜ける人」だったことになる。

それはつまり、虚実のあわいを華麗に使い分け、面白いネタを投下し情報を膨らませ、皆の共同作業で「伝説」をつくろうとした人々だ。

犬鳴村伝説と、その先輩格である「杉沢村伝説」（後述）は、インターネットにより広まる都市伝説・うわさ＝「ネットロア」のはしりでもあった。実際の事件・事故やその土地の歴史をモチーフとし、当事者が見たリアルな現況報告と、肥大化した妄想的イメージ、外部からの勝手なデマが混ざりあった「虚実のブレンドの妙」が見られるのだ。

ここでいま一度、冒頭の「犬鳴村伝説」を広めた投稿文を読み返してもらいたい。「心霊だのなんだのを抜きにして」という部分に象徴されるように、「犬鳴村」は霊が跋扈する心霊スポットとしてまったく意識されていない。現実問題としてありえるかどうかはともかく、超自然現象とはまた違う、いわゆる「ヒトコワ」の部類に入る怪談だ。こうしたリアリティ志向の恐怖譚――社会に隠された現実的恐怖という点が、インターネット普及時代の気分とマッチしたのだろう。

そこが心霊現象をメインに据えていた杉沢村伝説との違いではある。ただ言うまでもなく、幽玄なる心霊の地であろうが、リアルな閉鎖集落であろうが、日本のどこか（現実世界から地続きのどこか）に「異界」を求める心性としては変わらない。重要なのは、この時代におけるリアリティのあり方、その塩梅の微妙さだった。

確かに当時は、インターネットならば、世間から隠された事実を暴いてくれるのではないかという高揚と期待感がどこかに流れていたものだ（もちろんすぐに、そんな未来は楽観的に過ぎると誰しも気付いていくこととなるが）。ポスト・トゥルース時代となった現在では、むしろネットリテラシーをもって注意深く真偽を確認するのが、インターネットに対する当たり前の態度となっている。しかし当時の、特にアングラな掲示板では逆に、「インターネットに書かれていた（暴かれていた）ことだからこそ真実だ」と思わせる空気が漂っていた。

あの頃、たとえ半信半疑の半笑いでモニターを眺めていた人も、「日本のどこかに知られざる村＝異界が実在する」という話題に、胸踊るリアリティを感じていたはずだ。だからこそ、そのようなトピックスが流行し、定番の話題となった。犬鳴村や杉沢村は、ネット普及期のわずかなタイミング、インターネット文化の幸福な時代において爆発したコンテンツだったのである。

## 五　地元民とのトラブル

面白半分で肝試しに訪れる若者たちが、ゴミを捨てたり器物破損したり……「日本有数の心霊スポット」とされた犬鳴峠・旧犬鳴トンネルにおいては、地元の迷惑もまた「日本有数」だったようだ。

私は職業柄、数多くの心霊スポット、怪談が語られる現場などを取材しているが、地元民の反応は「そんなことも言われてるみたいですね」と苦笑まじりに肯定するようなケースがほとんどだ。しかし犬鳴峠が位置する自治体の行政および近隣住民は、私の感触でも、幾つかのメディア取材を眺めても、はっきり風評被害の迷惑を口にし、その他の地域より突出した嫌悪感をあらわにしている。

個人的な記憶としては、二〇一七年、私があるTV番組の心霊特集に関わった時のこと。その番組は心霊を面白おかしくとりあげるバラエティ調のノリではなく、オカルト現象を全否定とまではいかずとも、真面目に考察するタイプのものだった。

私は出演とともに、どの心霊スポットをとりあげるかなどの内容面にも携わったため、「旧犬鳴トンネル」を推した。しかし犬鳴関連の取材の壁は厚かったようで、スタッフは許可取りにそうとう苦労したらしい。結局、地名を伏せることで放映されたのだが、旧トンネルについては完全立ち入り禁止とのことで、撮影すらできなかった。二〇一〇年代後半にかけては地元が警戒を強め、旧道ゲートを完全封鎖し、部外者はいっさい入れないよう規制を強化していたようだ。

そうした経緯が身に染みていた私だったので、映画『犬鳴村』の公開には驚かされた。地元自治体がロケ撮影を許可したことに、（妙な言い方だが）「心霊スポットによる町おこし」といった新たな地方戦略すら感じてしまったのである。オカルト・怪談を利用した町おこしや観光地化というのは、ここ数年、日本全国で見られる現象でもあるからだ。

そして実際、映画公開後、旧トンネルへの訪問者が増えたことは、報道もされている確かな事実である。もちろん、警察への通報件数も増えているというから、けっして喜ばしいニュースではないのだが……。映画では福岡市から見てトンネルの向こう側＝「異界」とされてしまった宮若市も、釘をさすような公式コメントを発表している。

> 映画『犬鳴村』は事実に基づいたものではありません
> 令和2年2月7日に東映株式会社より公開された映画『犬鳴村』は、フィクション（架空）の内容であり、犬鳴ダム建設と集団移転、新道建設による旧道犬鳴トンネルの廃止等についても、映画の内容は事実と異なります。フィクション（架空）映画として、お楽しみください。
> 旧犬鳴トンネルは立ち入り禁止です
> 映画のモデルになっている旧犬鳴トンネルは、市有地につき立ち入り禁止です。落石等の恐れがありますので、柵等を超えての立ち入りは絶対にしないでください。
> （宮若市公式ホームページより）

地元の若者やネット住民たちが面白がって「禁足地」イメージを仮託していた「犬鳴」エリアは今、現実的な意味で本当の「禁足地」になってしまったのである。

「嘘から出たまこと」とは、このような時にこそ使う言葉ではないか。こうした虚実のブレンドの妙は、この後のネット怪談には見られない現象である。

# 杉沢村、樹海村について

## 一　杉沢村の概要

さて、犬鳴村伝説のイメージ形成において語るには、先輩格である「杉沢村伝説」を欠かすわけにはいかない。

また逆に、犬鳴村のイメージがその後どう展開していったかについては、後輩である「樹海村伝説」を参照するといいだろう。

インターネット黎明期において共有された神話的物語。まだ見ぬ「異界」がそこにあるのではというロマン。それでいて全くの嘘ではなくモデルとなった現場が実在するという虚実のあわい……。

様々な構造において、犬鳴村と杉沢村・樹海村は類似しており、相互に影響を与え合った存在だと考えられる。

特に杉沢村伝説と犬鳴村伝説は、構成される物語要素が実に似通っているのだ。

青森県のどこかにある無人の村。どこにあるのか判然としないが、未舗装の道をさまようち、何かの拍子にその集落跡地を発見してしまう若者たちもいた。朽ちた鳥居と、その脇にある「ここから先、命の保証はない」という看板が、村の入り口の目印らしい。

ただし、それ以上進むのであれば覚悟しなければならない。ここは昭和初期、発狂した若者により村人全員が惨殺された現場なのだ。あまりにも凄惨な事件によって廃村となったため、そこは行政からもアンタッチャブルな「地図から消された村」として扱われた。

事件から時を経た今も、廃村にかかった呪いは健在である。興味本位で一歩でも中に入ろうものなら、狂人とも幽霊ともつかない殺人鬼が侵入者を襲ってきて、昔の惨劇の夜を追体験してしまうのだという。

インターネットによって村の存在が知られるようになると、多くの若者が現場を探し求めた。ある者は発見すらできず、ある者はそれらしき場所を訪れた様子をネット掲示板に報告し、ある者は突撃宣言をしたまま消息を絶ってしまった。まさに日本に残された、秘密の異界。

——人々はそこを「杉沢村」と呼んだ。

いわゆる「ネット怪談の元祖」ともされる杉沢村伝説は、概ね以上のような筋立てで語られる。インターネット上で注目を浴びた時期は、犬鳴村よりも一、二年ほど先駆けているが、青森県内ではネット登場以前から同じような噂が流れていたようだ。ことほどさように、「犬鳴村伝説」と共通する点は非常に多い。

いずれにせよ、九〇年代後半〜二〇〇〇年代初期のインターネット文化および怪談文化において、杉沢村・犬鳴村の両伝説が重要な役割を果たしたのは間違いないだろう。

パソコンの普及やインターネット環境の整備、匿名掲示板コミュニティの創設によって、怪しげな噂を投稿する「怪異体験談」が寄せ集まり、巨大な「都市伝説・うわさ」となる。怪奇な情報が、フォーラムに集うネット住民たちの営為によって発展していく。そうした過程そのものを楽しむのが「ネット怪談」の醍醐味であり、それまでの怪談シーンにはない革新だった。その流れに乗った杉沢村伝説・犬鳴村伝説の二つのムーブメントは、内容面の類似のみならず、互いに大きな影響を与え合っているはずだ。

朽ちた鳥居や「地図から消された村」などの伝奇的な道具立て、実際に発見できるかもしれないというロマン、つまりここでも「虚実のブレンドの妙」が、アングラ臭が強い当時のネット住民たちの興味をひいた。

犬鳴村伝説に比べると心霊の度合いが強めだが、それでも当時の人々の心に刺さるリアリティがあったのだろう。さまざまな噂が囁かれるうち、恐怖の尾ひれはより細かく複雑に育てられていく。

そのネタ元として、横溝正史『八つ墓村』のモデルとして有名な「津山三十人殺し事件」（一九三八年）が参照されているのはよく言及されること。また一九五三年に起きた「新和村リンゴ農家一家八人殺人事件」も、同じ青森県内（こちらは弘前市だが）での若者による大量殺人事件という意味で、発想の一助となったと思われる。

さらにブームが熱を帯びてくると、杉沢村の所在を探し当てようとする者も続出。彼らの考察や調査レポートがまた掲示板にフィードバックされ、伝説の肉付けが充実していく。

もちろんネット住民たちもふざけ半分だったのだろうが、それでも本気の熱量、「もしかしたら日本にもまだある未開の地」「いまだ政府が隠している怪奇の現場」を発見できるのではないかというロマンが、伝説の普及を後押ししたのは間違いない。

それはまるで、大衆化し始めたインターネットを使い、新しいオカルト神話づくりを目指したようでもあった。一九九五年のオウム事件によってオカルト文化への風当たりが強くなっていた中、黎明期のネット文化を皆で駆使しつつ、大きな物語を再建しようとしたのではないだろうか。

同じことは犬鳴村伝説にも言える。未開の地をめざす冒険ロマンの、皆が共有できる神話づくりの、日本における最後の打ち上げ花火。その夢が仮託された土地は、福岡市・北九州市の中間地点だったり、青森市のやや郊外だったりという、都市部から近すぎも遠すぎもしない辺縁の場所だったのだ。

## 二　杉沢村の背景

結論から言えば、もちろん本当の「杉沢村」はどこにもなかった。

とはいえ、杉沢村にまつわる噂には幾つかの事実も含まれており、そのモデルとなった土地、幾人かの若者やテレビ・雑誌の取材者たちが突撃した現場は、確かに存在する。

青森県青森市小畑沢《おばたけざわ》小杉《こすぎ》、いわゆる「小杉集落」の跡地がそれだ。

小杉集落跡地は、過疎化によって無人となった土地である。その入口には確かに古ぼけた鳥居が置かれており、寂れた土地に残された廃村の雰囲気は、怪奇な噂を生むに絶好のシチュエーションだったはずだ。青森市街からほど近く、車で二〇分ほどの立地だが、九〇年代にはまだ近隣の道路が舗装されておらず、雪が積もればドライブも困難だったらしい。

この地が初めてメディアによって特定されたのは、『ダークサイドJAPAN』二〇〇〇年八月創刊号（ミリオン出版）だった。同誌編集長の久田将義によれば、その後追い取材を許可した唯一のメディアが、テレビ番組『奇跡体験！アンビリバボー』だったという（※参照『実話GON！ ナックルズ』二〇〇一年八月号「巨大都市伝説を追え！」）。

「アンビリバボー」二〇〇〇年八月二四日放送回の杉沢村特集により、あまりインターネットに触れない層の大衆にまで認知されることとなる。この番組においても、杉沢村は犬鳴村の一年ほど先輩にあたるのだ。

そこから数年間、杉沢村にまつわるホラーＤＶＤが山ほどリリースされる。しかしこれまた犬鳴村ケースと同じく、大衆人気を獲得する頃にはネット民たちの熱も冷めてしまい、掲示板では時おり思い出したように単発の話題が上るのみとなっていた。

小杉集落の現地はといえば、二〇〇七年に汚泥・し尿処理施設（現在は閉鎖）が建設されてからは開けた土地となり、往時の不気味な面影は消えてしまった。

現在では周囲に牧場やゴルフガーデンが設営されているため、舗装された道路によって快適かつ安全にアクセスできる。

私も実際に、青森駅から車を走らせてみたことがある。

さすがに「地図から消された村」と噂されていたのだから、それなりに秘境めいた雰囲気はあるだろう……といった思惑をよそに、少しドライブしただけで簡単に、道路に面した「朽ちた鳥居」を発見してしまった。

その脇のスペースには地元民の車が何台か停車中。どうやら山菜取りに来た地元民の駐車場として利用されているようだ。さらに集落内を進んでいくと、杉沢村伝説では「朽ちた鳥居」「猿田彦の石碑」と並ぶ定番アイテムだった「赤い屋根の家」も発見。これもまた謎の廃屋として恐れられた建物だったが、屋根にはなぜか電線が渡されており、電気まで通じているようだ。

窓越しに内部を覗けば、工事作業用の道具がきちんと並べられていたりと、もはや廃墟といった印象すら受けない。少し離れた場所にゴミ処理用の大穴が開いていたので、おそらくこの「赤い屋根の家」は、今ではゴミ投棄会社の物置として使われているのだろう。

現在の小杉集落跡地には、戦後すぐの過疎集落だった頃はもちろん、九〇年代の密かな廃村だった面影も全く残されていない。集落前の道はゴルフ場に向かう車が何台もいきかい、空き地には粗大ゴミが整然と投棄され、あちこちを山菜採りの地元民が歩きまわっている。杉沢村伝説を感じさせるような要素は、どこにも見当たらなくなっているのだ。

インターネットの発展は、あらゆる興味分野を細かくカバーしていき、それぞれのジャンルで島宇宙化・タコ壺化してしまった。インターネット黎明期だからこそ可能だった、杉沢村伝説や犬鳴村伝説ほどの一致団結した大ブーム、多数の若者の胸を躍らせたようなオカルト・ムーブメントは二度と起こりえないだろう。

かつてのアングラ臭を失った見通しの良いインターネット環境は、まさに小杉集落跡地が再開発によって明るく訪れやすい場所となった状況と似通っているではないか。
もはやインターネットの情報網・通信網は、世界中を覆いつくしている。Google マップの航空写真で確認できない場所など、軍事施設を除けばほぼ無くなってしまった。日本の国土のどこかに、知られざる「謎の集落」があるなど、誰も想像できなくなったのである。

——ただひとつ、「あの場所」だけを除いて。

杉沢村伝説のモデルとなった小杉集落跡地。赤い屋根の小屋も、「現存」どころか電気も通ってきちんと「保全」されている状態だ。

杉沢村の入り口と噂された「鳥居」。実は現在でも、道路沿いに佇む姿が確認できる。伝説は本当にあったのだ。

これも杉沢村の入り口にあるとされた「猿田彦の石碑」。こうしたディテールが実際に確認できるリアリティーが、犬鳴村・杉沢村両伝説の特徴である。

## 三　樹海村の概要

「青木ヶ原《あおきがはら》樹海には、知られざる秘密の集落がある」

そんな都市伝説を聞いた人は多いはずだ。

どれだけ昔からささやかれている噂なのか、私も正確な時期の特定にはいたっていない。ただその集落が「樹海村」と称されるようになったのは、おそらく二〇〇〇年代半ば頃からではないかと推察される。

ネットのログをさかのぼってみれば、老舗サイト「都市伝説広場」にて二〇〇六年九月一七日に掲載された「樹海村」記事が最初期の例となるはずだ。

「樹海の中には自殺をしそこなったり、自殺をやめようにも社会復帰ができない人々が集まった集落が存在し、そこでは浮世離れした村社会があるという」

私自身、複数の知人から同様の噂を聞き及んだのが、二〇〇五～二〇〇六年頃の時期だった。しかしなぜこのタイミングで、青木ヶ原樹海にあるという秘密の「樹海村」が注目されたのだろうか？

言うまでもなく、樹海そのものはずっと昔から存在する場所だ。「自殺の名所」イメージが一般に定着したのが、松本清張『波の塔』の影響だとしても、原作連載は一九五九年のこと。その後も定期的にテレビドラマ化されているものの、五〇年近いタイムラグを経て、ようやく「樹海村」伝説が発生したことの説明にはならない。

その他には、オウム真理教事件の影響が挙げられる。上九一色村《かみくいしきむら》に存在していたオウムの集団施設「サティアン」の記憶が、樹海にたたずむ秘密の集落というイメージ醸成に寄与したのではないか。

いや、それら以上に「樹海村伝説」の下地となったのは、やはり犬鳴村・杉沢村の両伝説だと考えて間違いないだろう。

ネット環境の整備によって全国に広がった犬鳴村・杉沢村だが、さらにネットが発展した結果、もはや秘境ロマンを空想することすら難しくなってしまった。

それでもまだしつこく、どこかに「未知の集落」が残されていると妄想するならば、航空写真でも衛星写真でも捉えにくい、深い森におおわれたような地域しかないだろう。そう、例えば、富士山麓に広がる青木ヶ原樹海のような……。

都市伝説の発生を厳密に特定することなど不可能だ。ただそれでも、私個人の独断を述べさせてもらおう。

「樹海村」の噂がささやかれ始めたのは、おそらく二〇〇五年である。

二〇〇〇年代に入ってから、インターネットや雑誌での樹海レポートが目立つようになっている。樹海にまつわる失踪事件が話題となったのも要因のひとつだろう。二〇〇二年、愛知県の女子大生が樹海で倒れているところを発見され、二〇〇四年には静岡県・磐田市長の長女が樹海入り口にいるところを保護された。いずれも無事だったが、「俗世を離れ、死に場所を探すための樹海」というイメージが世間に植え付けられたのではないか。

そしてなにより、当時、廃墟ブームを牽引していた栗原亨《くりはらとおる》が、樹海へと活動のフィールドを広げたことも大きかった。

「最後の秘境、青木ヶ原〝呪界〟その謎と伝説を完全解明！」との宣伝文句で『樹海の歩き方』（栗原亨、イースト・プレス）が刊行されたのが、二〇〇五年四月のこと。

「最後の秘境」とはつまり、その他の「異界」伝説が全て否定されてしまった現状を指している。言うまでもなく、杉沢村・犬鳴村のことだ。インターネットの普及が広めた両伝説だったが、その終止符を打ったのもまたインターネットであったことは先述どおり。

誰でも簡易にリアルタイムの地域情報や地図情報へのアクセスが可能となった時代。もはや日本のどこかに「異界」があると無邪気に信じることは出来なくなっていく。その幻想をくだく決定打となったのは、衛星・航空写真も表示できるGoogleマップだった。では、その公開はいつだったのだろうか？

そう、二〇〇五年なのだ。

だからこそ当時の人々は、まだ残された「異界」としての樹海レポートを求めた。「あちこちに死体が転がる自殺の名所」「迷えば二度と出てこられない秘境」「深い森のため衛星・航空写真でもいっさい様子がわからない」

これらの（事実とは異なる）噂が、樹海のオカルト的イメージを醸成していった。特に三番目――Googleマップですら確認できないこと――は重要だ。そこに謎の集落＝「樹海村」があるかもしれないと想像する余地を残してくれるのだから。

## 四　樹海村の亜種「本当は恐ろしい山梨県」

いや、むしろGoogleマップは都市伝説を助長してくれた。皮肉なことに、「謎の集落」幻想を葬り去ったGoogleマップによって、あるポイントが「発見」されたのだ。

「本当は恐ろしい山梨県」との呼び名で、二〇一〇年代に入った頃から、2ちゃんねるを

「本当は怖い山梨県」として有名になった、精進集落の航空写真。広大な樹海にぽつんと存在する、真四角の人工的な区画は、確かに人目をひくものではある。

中心に広まった画像。そこに写されているのは、青木ヶ原樹海に囲まれた、謎の集落である。緑深き森に突如として設置されたかのような、あまりにも人工的な長方形の区画と建物群。そのコントラストの異様さは、人跡未踏の奥地に潜む秘密基地といった想像をかきたてられる。

この樹海村には、いったいどんな秘密が隠されているのか……。

「完全閉鎖された立入禁止の村」「犯罪者たちの逃亡集落」「政府の秘密研究施設」などなど、様々な憶測が語られた。

しかしもちろん、それらはただの妄想に過ぎなかった。

まず、ネットで出回っている画像自体がトリックだ。周囲が原始林だけに見えるように、恣意的なトリミングや位置ずらしがなされている。少しズームを引いたり北東の方角をチェックすれば、国道の富士パノラマラインに面し、観光地の精進湖《しょうじこ》が近いこともわかる。中央自動車道やJRの駅までは車で三〇分。とても秘境と呼べる立地ではない。

そこは「精進集落」。かつて七〇もの世帯が居住し、郵便局や小学校も存在していた立派な町だ。住人の多くが宿泊業を営み、最盛期には二四軒もの民宿が連なっていたため「精進民宿村」の呼び名でも知られていた。

私もその村を訪れたことがある。ちょうどインターネットで「樹海村」が話題になっていた頃、雑誌社からの依頼にて現地取材を行ったのだ。

全国の地方集落のご多分に漏れず、精進集落もまた少子化・過疎化の波にさらされている。私が訪れた時には、もう現地の小学校すら閉鎖されたところだった。

精進民宿村の代表的な宿「樹海荘」のご主人によれば、

「この土地はもともと、樹海に大きな穴があいてた地域でね。それを昭和四二年に整地し、山側の集落が四六年に引っ越してきたんだ」

とのこと。もともと人工的に造成されたエリアなので、不自然な長方形の区画となっているのである。

では、なぜ精進集落がここまで人工的な区画整理によって造られたのか？

「それはもう、西湖《さいこ》の方で大災害があったから、うちらも危ないと思って。富士の北の尾根から、こっちに引っ越したんだ」

一九六六（昭和四一）年九月二五日未明。関東に上陸した台風二六号は時間雨量一〇〇ミリの記録的豪雨をもたらした。それは西湖湖畔において、猛烈な土石流を引き起こしたのだ。山津波に襲われた「根場《ねんば》」「西湖」の二集落はほぼ全ての家屋が破壊され、九四名の死者を出す大惨事となった。

一年後、崩壊地に村を再建する危険から、住民たちは移転を決意。彼らの多くが民宿業を営み、それが現在も続く西湖周辺の民宿村となった。

そして精進集落もまた、彼らに倣って集落ごと引っ越した……という経緯だったのである。

かつての崩壊地には現在、「西湖いやしの里 根場」なる商業施設が開園。当時の茅葺き屋根の集落が再現されている。山の斜面に挟まれた茅葺きの家々が並ぶ光景は美しいが、昭和四一年の惨状を知ると、大惨事にて滅びた村をそのまま再現していることに、どこかもの哀しくも霊妙な気配を感じてしまう。

平家の落人伝説もある根場は、山間に隠れるようにして養蚕と放牧を営む小村であった。舗装路どころか車の通れる道も無く、荷車か馬車でしか行き来できないほどの孤立ぶりだったという。そのため昭和四一年の災害時、一帯は泥の海と化した。救助に向かった周辺住民たちも、村のずっと手前の地点から、膝まで泥に埋まりつつ山道を進んでいったそうだ。

今も災害危険地域として居住は禁じられているが、二〇〇三年の町村合併を機に、ようやく土地活用されることが決定。そして二〇〇六年、長らくの荒れ地が整備され、「西湖いやしの里 根場」がオープン、富士山周辺の観光施設の一つとして復活したのである。

富士山に近い上、関東で唯一の茅葺きの建物群が見られる園内には、多くの外国人観光客が行きかっていた。彼らはおそらく、ここが九四名もの死者が出た悲劇の地だったことなど、いっさい知らないだろう。当時の私にしても、ネットに流布した「樹海村」伝説を調べたことで、初めて得られた知識だったのだから。

一夜にして消えた隠れ里……。これこそ、まさに犬鳴村や杉沢村のような「謎の集落」を彷彿とさせる話ではないか。「樹海村」伝説の根源には、本当に地図から消された村が存在していたのだ。

この地がかつて、山崩れによって一夜にして消えた
隠れ里であることを知る人は少ないだろう。

かつての根場集落を再現している「西湖いやしの里 根場」。関東唯一だという茅葺屋根の建築群も人気で、新型コロナ禍以前には多くの外国人観光客が訪れていた。

## 「コトリバコ」について

以上が、ポスト犬鳴村としての「謎の集落」＝「樹海村」の経緯である。

ではまた、二〇〇五年に時を戻そう。この年はまた、インターネットで発展した怪談文化＝「ネット怪談」を語る上でも特別な時期だ。

あの衝撃作「コトリバコ」が発表された年だからである。

2ちゃんねるオカルト板「死ぬ程洒落にならない怖い話を集めてみない？99」に同作品が発表されたのが、二〇〇五年六月六日昼過ぎのこと。たちまち大反響を呼び、同日夕方には専用スレッド「ことりばこ」が立てられる。その後も考察スレッドが乱立。本スレの「ことりばこ本館」だけで一四も続けられるなど、影響力は凄まじいものがあった。なにしろ二〇二〇年末現在の5ちゃんねる現行スレッドを検索しても、幾つかの「コトリバコ」関連スレが見つかるほどである。

秘められた村の因習、陰惨きわまる「呪術」のインパクト……といった内容部分については、いまさら言及するまでもないだろう。この二つのモチーフは、「巨頭オ」「ヤマノケ」「八尺様」など、以降のネット怪談にも多大な影響を与えている。いや、「コトリバコ」が、二〇〇〇年代におけるネット怪談そのものの方向性を決めた、とまでいっても過言ではないだろう。

その原因は、「コトリバコ」という怪談が持つ、「本当にあったことかもしれない」と感じさせるリアリティにある。

2ちゃんねる調の軽い文体が、かえって「文章の素人が記憶を頼りに報告している」という真実味を増した。文中の方言から島根県某地域が舞台だと推測でき、「隠岐騒動」なる比較的マイナーな幕末事件が登場するのも面白い。

しっかりした歴史民俗が背景にあることで、荒唐無稽な「呪術」にもリアリティが感じられる。当時のネット民たちが味わった戦慄（こんな怖ろしい実話があるのか⁉）と興奮（こんなレポートをもっと読みたい！）は、「ネット怪談」という新しい恐怖文化の誕生を確信させた。

もっとも、こうしたリアリティまで継承できたネット怪談は、その後もほぼ出てこなかったのだが……。

その証拠に、「コトリバコ」ほど多くの考察を生んだネット怪談が、他にあるだろうか。いまだに「コトリバコを見た」というスレッドが立つほどのモチーフが、他にあるだろうか。ガリガリガリクソンが二〇一六年の怪談グランプリにて発表した「生首村」が、数年たった現在でも話題にのぼるのは、やはり「コトリバコ」に関する物語だからだろう。

私個人は、「コトリバコ」はクオリティの高い創作作品であり、投稿者はその後なんらかの作家活動を行っている、と想像している。もっとも、この作品における真偽の程は大事な論点ではない。

「本当にそんな呪物を抱えている村が、日本のどこかにあるのかもしれない」と皆の想像をかきたてるリアリティを持っていたこと。そしてポスト犬鳴村としての「謎の集落」が、このような形式に発展していったことこそが、重要なポイントなのである。

「樹海村」「コトリバコ」はともに、インターネット時代ならではのリアリティをもって、「日本にはまだ隠された謎の集落がある」と感じさせてくれる恐怖譚だったのだ。それらが奇しくも同じ二〇〇五年に生まれたことは、偶然以上の意味がある。

## 六 「謎の集落」伝説の今後

ポスト犬鳴村における「謎の集落」は、現実世界よりもインターネット空間にその舞台を移す傾向を持っていた。

犬鳴村・杉沢村には、まがりなりにもモデルとなる現場があった。樹海村や「コトリバコ」の村は、それらに比べれば場所性は薄い。いちおうの舞台設定はあるものの、犬鳴村・杉沢村のように、ピンポイントの現場へ肝試しに行ける訳ではない。

そう、両者の違いは、「肝試し」「突撃」を想定しているかどうかにある。樹海村・コトリバコは、現場訪問よりも、ネットを通じて「謎の集落」を想像することに特化している。精々がんばったところで、青木ヶ原樹海を広く探索してみたり、「もしかしてコトリバコの村は○○ではないか？」と推測する程度。犬鳴村への「突撃」が二〇二〇年になってもなお増加している事態とは明らかに様相が異なる。

こうした場所性の消失、ネット空間での想像といった面をより特化させたのが「異界駅」ものだ。周知のとおり、それはまず「きさらぎ駅」から始まった。

二〇〇四年一月、2ちゃんねるオカルト板『身のまわりで変なことが起こったら実況するスレ26』に、「はすみ」なる投稿者が、奇妙な駅に迷い込んだと報告。オカルト板の住民たちとリアルタイムのやりとりを交わしながら話が展開していく。

「きさらぎ駅」という「謎の集落」は、もはや現実のどこにも存在しない異世界に置かれている。樹海村・コトリバコよりも、さらに場所性を薄めた「異界駅」ものの元祖であり、「実況怪談」のはしりだったのだ。

ちなみに実況怪談については、一九九〇年代の犬鳴村関連でも、その萌芽はあった。2

ちゃん以前の匿名掲示板に「旧トンネル付近で犬鳴村を探している」という投稿が、現場から、または帰宅後すぐに、連投されることもあったそうだ。

しかし帰宅後すぐの「セミ実況」ならまだしも、現場からの実況となると、あの山道に電源とパソコン、および通信手段を持ち込まなければ成立しない。既にノートパソコンがあった時代とはいえ、個人で大がかりな機材を持ち込むとは考えにくい状況である。おそらく「投稿者も閲覧者も、実況という嘘のノリを楽しんでいた」というのが正確なところだったろう。

その点、「きさらぎ駅」の頃にはもう、携帯電話から掲示板への書き込みが可能となっており、設定としての不自然さは解消されている（体験そのものが本当かどうかはともかく）。新機軸のネット怪談を提示した「きさらぎ駅」は好評をもって受け入れられた。とはいえ、その他の異界駅フォーマットが定まり、本当に流行りだしたのは二〇一〇年代に入ってからである。

二〇一一年三月に「きさらぎ駅」の派生作ともいえる「やみ駅」が書き込まれる。ここから異界駅ものは爆発的に増え、「はいじま駅」「かたす駅」「とこわ駅」「すたか駅」「ひつか駅」など、二〇一四年までに二〇を超える異界駅が書き込まれた。そうした中で、「タバコや紙など、何かを燃やせば異界駅から帰ってこられる」という対抗呪術も形成されていく。

これには2ちゃんねる以外の、Twitterなどからの報告も含まれる。そうしたSNSの方が、掲示板よりも強いライブ性とインタラクティブ性を持ち、体験者のレポートや別アカウントとのやりとりがスムーズになされるのだから、当然のことだ。

ただ、この異界駅ブームも二〇一〇年代後半には終息していった。様々な異界駅探訪の報告が掲示板に書き込まれ、毎年夏になればTwitterに「きさらぎ駅に迷い込んだ」とツイートされる……といった状況は、もはや時代遅れになっているようだ。

二〇一〇年代前半、「謎の集落」は異界にあった。体験者の他には誰も現地訪問できない、まったく非リアルな、追体験不可能なものとして設定されていた。

その反動だろうか、二〇一〇年代後半から現在にかけては、もっとリアルな恐怖譚が好まれているような印象を受ける。かつての犬鳴村へと先祖返りするかのように。

例えば「事故物件」ブームも、リアル志向のひとつに挙げられる。生涯一度も引っ越しをしない日本人などほぼいないし、多くの人は一人暮らしのために安い物件を探した経験を持つ。「謎の集落」とはスケール感が大きく異なるが、その分、「誰しもが体験しうる」リアリティは抜群であり、それが広く人気を博した理由だろう。大島てる、松原タニシの活躍はもとより、二〇二〇年の映画『事故物件　恐い間取り』のヒットも記憶に新しい。

そして言わずもがな、同年には映画『犬鳴村』も公開され、こちらも興行収入一四億円超え、動員一一〇万人と大成功をおさめた。両作の人気の要因に、「誰もが体験しうる」「現場が本当にある」といったリアリティが関係していることは間違いないだろう。

映画『ミッドサマー』の日本公開もまた二〇二〇年であり、こちらも大きな話題となった。さらに二〇二一年には映画『樹海村』までもが封切られる。「謎の集落」人気は衰えていないどころか、ここにきて再ブームの兆しを見せているようだ。


日本人の多くが、今もなお、「謎の集落」を求めているのだ。

そしてできれば、一九九〇年代の「犬鳴村伝説」の頃のように、その村が実在するかどうかを本気で検証し、現場に足を運んでみたいのではないだろうか。二〇二〇年における犬鳴エリアへの肝試し増加は、それを如実に物語っているではないか。

「謎の集落」の恐怖は、いつも我々を惹きつけてやまない。

# 新旧「犬鳴」訪問者インタビュー

日本初の「犬鳴村本」である本書。せっかくなので、ここでしか聞けない特別インタビューをお届けしよう。

ともに福岡県出身、数えきれないほどの「犬鳴遍歴」を持つ二人の猛者にご登場願った。

日本を代表する心霊スポットサイト「朱い塚」管理人・塚本氏。

福岡の怪談といえばこの人、心霊ハンターにして怪談作家の濱幸成《はまゆきなり》氏。

いずれも犬鳴峠には無数の訪問を重ねているが、その時代差は一五年ほど。

塚本氏は、インターネットにより全国的に有名になる前の「犬鳴」を知る古参組であり、
濱氏は逆に、ネット配信者が突撃して地元民が封鎖を強めた今の「犬鳴」を知る若手だ。

新旧の対照的な訪問者である彼らに、「犬鳴」の昔と今をうかがってみた。

# かつての「犬鳴」の姿とは——一九七〇年〜二〇〇〇年

「朱い塚」管理人　塚本

全国一九〇〇ヵ所以上の心霊スポット調査、大量の怪談投稿を掲載するサイト「朱い塚」を運営。

## 訪問以前（一九七〇年代〜一九九五年）

塚本：最初に旧犬鳴トンネルを訪れたのは一九九六年。バイト先の先輩の運転で連れていってもらいました。

それからもう、何十回……いや何百回も、昼夜問わず行ってますね。

今では犬鳴トンネルといえば、ずっと手前にゲートがあって、トンネル出入口もブロックが積まれているから、内部には侵入できないというイメージですよね。

でも当時は、旧道も旧トンネルも、車で通れたんですよ。福岡市側から行くと、途中にゲートもなく、トンネル出入口にもブロックはなかった。ただ宮若市側の道はゲートができていたので、トンネルを向こうまで通り過ぎたら、福岡市側に引き返すことになりますけど。

犬鳴村の噂は……一九九〇年代に入る頃には既にありましたね。兄から、「あそこに行くと、斧を持ったおじさんに追いかけられるぞ」と脅かされた記憶があります。

もしかしたら一九八〇年代にも噂自体はあったのかもしれません。福岡のローカル番組でも八〇年代から、夏の心霊特集で旧犬鳴トンネルをとりあげていましたね。毎年とまではいかずとも、二年に一回は確実に放送されていました。なので当時から、有名な心霊スポットだったことは確かですね。

ただ、一九八八年の殺人事件（P21参照）が発生したため、八〇年代末はもっぱら事件にまつわる噂ばかりがささやかれていました。それが落ち着いた九〇年代は、もうあそこは「犬鳴村のスポット」という扱いでしたよ。少なくとも私の兄が学生時代、九〇年代前半に肝試しをしていた時は、犬鳴村の噂で持ちきりだったらしい。

それどころか、父に聞いたら、五〇年以上前から、旧犬鳴トンネルの道では「女の幽霊が出る」という噂があったそうです。

また、「この先、日本国憲法つうじません」の、あの看板も、私は確認できていないのですが、九〇年代前半まではあったそうですよ。私より一〇年ほど上の世代の人たちは皆、見ているそうですから。

たぶん八〇年代末の殺人事件の後、肝試しが激増したせいでしょう。周辺の田畑がイタズラされて困っていた住民が、苦し紛れに立てたのかと思われます。

とにかく、旧トンネル含めた「犬鳴」一帯は九州北部の人にとって、免許とったらすぐに行く、ずっと昔からの定番の心霊スポットエリアでした。

一九七五年の新道建設より、交通は新犬鳴トンネルを使うのが当たり前になった。そうして使われなくなった旧道・旧トンネルが心霊スポット化することは珍しくない。しかしあのトンネルと道路は、現役時代から幽霊の噂がささやかれていた場所だったという。

もしかしたら「犬鳴村」の噂も一九七〇年代、いやもっと昔から地元でささやかれていたのだろうか？　しかし今となっては、そこまで過去のことを覚えている地元民は少なくなっているだろう。

ただし、犬鳴エリア一帯が本格的に心霊スポット化したのは一九八〇年代末からだ。あの凄惨な殺人事件によって旧トンネルが一躍有名になり、九州北部の若者たちがこぞって肝試しに押し寄せたからだ。まことに不謹慎ではあるが、こうして犬鳴一帯に訪問者が増えたことで、「犬鳴村」の噂が加速度的に広まっていくようになる。

現地をよく知らない遠方の若者たちが、犬鳴峠に点在する民家を目撃して怯えたり、彼らの暴挙が住民に警告看板を設置させ、それがまた噂のネタ元になったり……。

肝試しという行為が、さらにその場所の心霊スポット化を助長するというフィードバック現象が起きてしまったのだ。

## 訪問初期（一九九六年～二〇〇〇年）

塚本：で、私が最初に訪れた当時の情報ですけれども。

一九九〇年代は、犬鳴峠全体が怖かったんですよ。不法投棄の車があちこちに捨てられ、そのタイヤも盗まれており、車内にはゴミが散乱していました。どこまで行っても、ほとんど街灯はなく真っ暗。そういう環境でした。

「日本国憲法～～」の看板とは別ですが、旧道の入り口には、「この付近にゴミを捨てると、不霊が家についていきます」といった看板が立っていました。心霊の噂を逆に利用して、不良たちを抑止しようとしたんでしょうね。かえってイタズラされてましたけど。看板自体が汚されたり荒らされたり、わざとその辺にゴミが捨てられたり。やはり暴走族がたくさんいた時期だったので。皆ヤンチャでしたね。

あと、マネキンの首がたくさんありました。旧トンネル付近に、やけに落ちていたんですよね。福岡市の美容師学校の生徒が、首マネキンを肝試しがてらトンネルに捨てに行くのが恒例行事だったとも聞いたので、そのせいなのかな（笑）。

暴走族の人たちには、普通に出くわしてましたね。いつ行っても、一〇台以上で乗りつけている人たちがいた、という感じです。とはいえ別に、なにもされなかったですけど。フレンドリーでもなかったけど、別に普通。向こうは向こうで、族に入ったら「犬鳴に行ってこい」と上に命令されるんでしょう。度胸試しというか、族に入るための通過儀礼としてあったんじゃないですか。

また我々のような福岡市側からすると、向こうの宮若市側の方のエリアも、色々と怖いイメージがあったんですよね。

当時は宮若市側のトンネル出入り口は完全にふさがれていて、通り抜けができない。一度、新道の方まで下りて、ぐるりと周らないと行けないようになっていた。そういうロケーションのせいもあるかもしれません。

また九〇年代後半の当時、宮若市側のトンネル近くにミリタリー系の趣味の人が住んでいて、不用意に近づくと、モデルガンだか空気銃だかで撃たれるという噂があった（笑）。しかもその人、大型犬を二匹、放し飼いにしていたんですよ。我々がトンネルの端までいくと、気配を感じて犬が吠えたてくる。ブロックの向こう側まで近寄ってきて、ずっとワンワン吠えられるんですよね。だから「遠くから犬の鳴き声が聞こえたら逃げる」というのが、当時の、私をふくめた訪問者たちの行動パターンでした。

心霊現象ではなく、こういう現実的な下地もあって、「犬鳴の噂」ができあがっていったんだと思います。

多数派である福岡市サイドから見れば、宮若市サイドが「異界」扱いされてしまう。いくら理不尽ではあっても、若者たちがそのように噂する現象が起きてしまうのは仕方がない。

かつて旧犬鳴トンネル近くに実在した看板。「ちゅうい　このふきんにゴミを捨てて帰ると霊が家についてきます」とある。

## トンネル以外のスポット

「犬鳴」にまつわる噂は、旧トンネルだけに限られたものではない。また異なるポイント、「新トンネル」や「旧道」はどのような感じだったのだろうか？

塚本：新トンネルの前の電話ボックスは、心霊スポットとして有名でしたね。

私が行った一九九六年には、かろうじてボックス自体は残されていました。とはいえこの時点で、もう電話として使える状態ではなかったですけれども。それでもふざけて皆が入るものだから、鉄線でボックス全体がぐるぐる巻きにされていました。

新トンネルでは「白いワンピースを着た女の幽霊が出る」という噂がありました。その女が生前、彼氏とドライブ中、新トンネルに入っていったらしいんです。バイクの二人乗りか、車かはわかりませんが。とにかくそのトンネル内で事故を起こし、二人とも死んでしまった。彼氏の方はすぐに成仏したのか、死後もまったく姿を現さないのですが。女だけは、「恋人を助けなくちゃいけない」と、必死になって電話ボックスで電話をかけているのだとか……。

旧トンネルの殺人事件や、犬鳴村とはまったく別の話ですね。

ボックスの位置としては、新トンネルの福岡側の手前に置かれていました。旧道に入る道からは反対側になります。右が旧道入口で、左が電話ボックス。

右の旧道に入っていくと、途中で道が二股に分かれます。そこを左に行くと、旧トンネルに突き当たる。

右側は、車一台しか通れない細い道なんですが、ずーっと行くと集落というか、幾つか家屋が点在してもいました。その途中には転落している赤い車もあったりもして。本当に「ポツンと一軒家」みたいなロケーションですね。

そこがまた「犬鳴村」の噂のモデルになったんじゃないでしょうか。

集落入口にあったのが有名な「日の丸ハウス」。外壁に日の丸が掲げられているので、そう呼ばれていました。人は住んではないんですが、街宣車が置かれていることも多かったですね。右翼団体の車両の置き場・詰所だったのでしょうか。トラブルを恐れて、誰も近づこうとはしなかったですね。

その他に有名だったのは「女岩」。犬鳴峠のトンネル近くにあって、表面に女のシミがついている岩だという人もいれば、岩自体が女の形していいるという人もいる。もしかしたら両方あるのかもしれません。八〇年代に犬鳴トンネルに肝試しに行く人は、だいたいセットで行くところだったそうです。昔のテレビ番組で、ミュージシャンで心霊研究家でもあった池田貴族もロケしてましたね。

私が見つけたのは、女のシミがついた方の岩です。ただこのシミも、時が経つにつれて薄くなっているので、現状は知らない人だとちょっと見分けがつかないと思います。

後は、二〇〇〇年に一回だけ「猫の霊」と彫られた石碑を見つけています。勝手にこんなものを置いていくのは違法のはずですが、しっかり造られたものでした。ただ不思議なことに、それ以降いくら探しても「猫の霊」の石碑を見つけられなかったんですよ。一度きりの出会いでした。

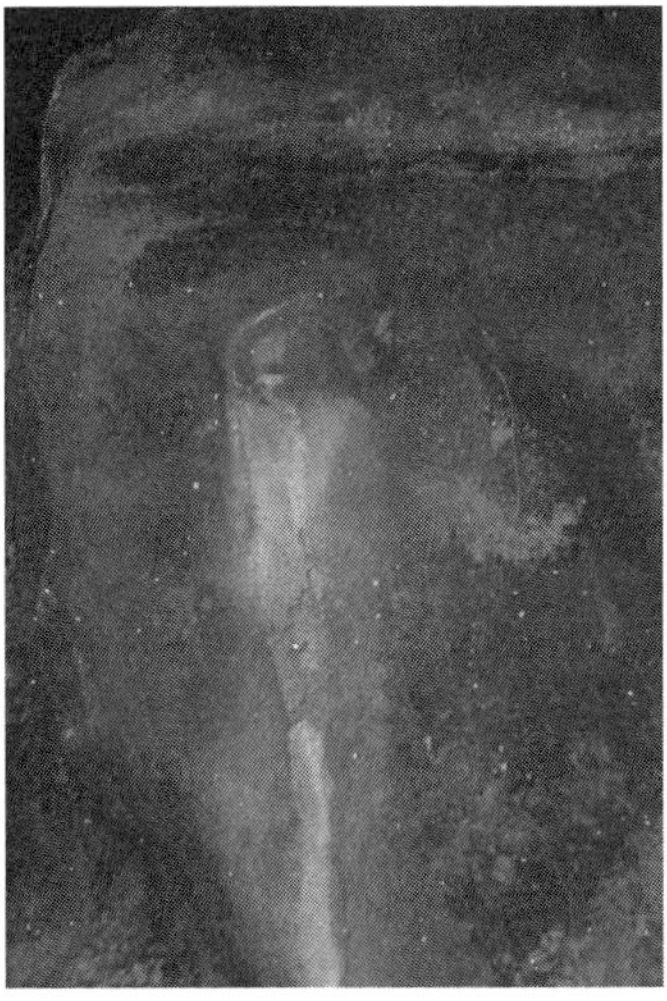

これも当時有名だった「女岩」。岩の表面に人型のシミ（模様？）が浮いている。

当時の若者たちにとっては周知の存在だった「日の丸ハウス」。人が常駐していたわけではなかったが、右翼の街宣車らしき車両も置かれていたという。

旧道の入り口付近に置かれていた電話ボックス。1997 年に撮影されたもの。

## 全国区になって以降（二〇〇〇年～）

　そして二〇〇〇年以降は、2ちゃんねるに書き込まれ、「犬鳴村」の存在がネットやテレビで広まったことにより、全国から訪問者が訪れるようになったという。


塚本：もうその頃は、地元の噂として「犬鳴」のピークは過ぎていた感じでしたね。例の電話ボックスは一九九八年頃には撤去されているし、旧道に不法投棄されていた放置車両も無くなっていて、すっかり昔の雰囲気から変わっていましたし。

　2ちゃんで流行った時は、一気に九州外の人が来る量が増えましたね。ただ地元民からしてみると、「え、今さら犬鳴村のこと言ってるの？」という感じでした。

「奇跡体験！アンビリバボー」（フジテレビ）の取材が来たのも、二〇〇〇年ですね。私が情報提供者として協力することになりました。ただ、旧トンネルのロケは断られたので、急遽、新トンネルの方をやることになったんです。

「塚本さん、新トンネルの怪談はありますか？」と言われて、たまたま友人の話があったからよかったですけども。でもなぜか、番組で紹介された証言者がもらえるはずの「ゴールドバー」はもらえなかった（笑）。

## 「犬鳴」は特異な場所

しかしなぜ、犬鳴エリア一帯では「犬鳴村」を始めとした様々な噂が発生していったのだろうか。ここまで多数の怪談を持つ心霊スポットは、全国を探しても他にないはずだ。


塚本：やっぱり、特異な場所にあるせいじゃないですかね。

犬鳴峠には昔、たたら場や山城があったことはご存知ですよね。製鉄の職人の墓が、峠の奥にあったそうです。「犬鳴村」の噂が出てくる以前から、その墓石に触ると熱が出るという怪談が、地元ではささやかれていたらしい。その墓については、私も発見していないのですが……。犬鳴ダムからそうとう奥に行ったところにあるそうです。ずうっと奥に行くと炭焼き小屋みたいなのと山城の跡地があったそうで、その城跡の辺りに佇んでいるらしい。

犬鳴エリアの周りには、まだまだ未発見のものがあるようです。

そしてダムに沈んだ犬鳴谷村がモデルになっている、ともよく言われますね。

ただ当時、ダムに沈まなかった地域、ちょっと外れた場所に家が二世帯あり、その他にも数軒、廃墟が佇んでいました。先ほど説明した、小さな集落ですね。あれが犬鳴村の噂の元になったのではないか、と私は考えています。

また、ちょっと離れていますが、「チロリン村」と呼ばれた廃村が佐賀との県境にもあり、心霊スポット扱いされていました。あの頃は、村系の怪談・心霊スポットが流行っていたので、九州だけで何ヵ所もあったんですよ。

しかし腑に落ちないのは、犬鳴エリアの怪談が全て「女の霊が出る」という情報ばかりってことですね。例の殺人事件があったのだから、被害者である若い男の霊が出るべきだとは思うのですが、そうではない。

私が訪問していた初期の頃は、福岡市側のトンネル脇のガードレールに焦げ跡がついていて、それがいちばん怖かったんですよ。噂ですけども、あの事件で被害者は、宮若側の方で体に火をつけられて、福岡側までトンネルを走って逃げて、ガードレールの下で息絶えた……という話を聞いていたので。

そして実際、命日になると、遺体があったところに祭壇がつくられ、花が供えられていましたよ。それについては、私のホームページでも紹介しませんでしたけど。祭壇や供え物が、不届き者たちに荒らされてしまったら悪いですからね。

しかしそのうち、福岡側の方の道にもゲートができて、車が通れなくなってしまった。それもあってか、献花も置かれなくなりました。

ただ、そうした状況がずっと続いていたのは確かなのに、目撃される幽霊は全て「女」ばかり。旧トンネルでも新トンネルでも、峠のあちこちでも、出るのは必ず「女」だというのが不思議です。

ただまあ、力丸ダムまで含めたら、若い女性が殺される事件（P27参照）も確かに起きてますしね。犬鳴エリア一帯では、他にいくつも知られてない殺人事件はあるらしい、とも聞きます。そこにヒントがあるのかもしれません。

たたら場の職人の墓といった未発見の史跡、なぜ「女」の霊が出るのかという謎など、犬鳴エリアには、まだまだ明かされざる秘密が隠されているのかもしれない。

では次に、新旧「犬鳴」訪問者の「新」の方、濱幸成氏に話をうかがってみよう。

# 現在の「犬鳴」の様子とは――二〇〇〇年代

濱　幸成
国内外で七〇〇ヵ所以上の心霊スポットを探索しつつ、怪談の蒐集も行っている心霊ハンター。

## 訪問以前（二〇〇〇年代）

濱：私が旧犬鳴トンネルを訪問したのは、二〇一〇年頃ですね。ご多分に漏れず、車の免許を取って、初めて遠出した場所です（笑）。

そもそも私は中学生の頃から、近隣の心霊スポットを訪れるような生活を送っていたんですね。福岡市内にある「生首の小学校」とか、近所の幽霊が出るという公園、一家心中の家などを巡っていました。その頃、二〇〇四、五年あたりだったと思いますが、母親がこんなことを教えてくれたんです。

「新聞記事に載ってたけど、旧犬鳴トンネルに入った若者の一人が頭がおかしくなったらしいよ。あんたも気をつけなさい」

心霊スポットばかり行ってる自分を心配したのでしょうけど（笑）。本当にそんな新聞記事があったかどうかは不明ですね。ともかく、それが「犬鳴」について知った最初でしたね。

もちろん、福岡市の若者には犬鳴村の噂は広まっていましたよ。鎌を持って追いかけてくる、「日本国憲法つうじません」の看板、その看板に銃弾が撃ち込まれているという情報も聞きましたね。

とにかく「いちばん怖い心霊スポットだ」という認識でした。心霊もそうですけど、暴走族によって襲われるかもしれないという現実的な恐怖もあった。

ずっと後、私がやっていたラグビーの繋がりで知り合ったKさんから聞いたのですが、その人もトンネル付近でリンチされたらしい。

二〇〇三、四年頃というから、まだトンネルまで車で行けた頃ですね。とはいえ細い道だから、車がすれ違えない。で、Kさんが友人と二人で肝試しした帰り道です。旧道の向こうから、また別の白い軽自動車がやってきた。どちらかがバックしなきゃいけないのですが、どっちも譲らずにらみ合いになってしまった。

そのうち、お互いの車から二人ずつ降りてきた。こちらは二人ともラガーマン、相手はけっこう小柄だったので、これは勝てると思って「お前らなんだ！」と凄んだらしいんですね。するとその途端、後部座席からごっつい男が三人も出てきてしまった。慌てて逃げようとしたそうですが、結局、五対二でボコボコにされたらしいです（笑）。

不良が白い軽自動車に人数超過で乗ってくるのは、犬鳴の「あるある」なのだろう。後ろから予想外の人数が降りてくるところなど、私も過去のトラウマを思い出してしまった（P103参照）。

ともあれ、そんな危険スポットに濱氏も突入していくことになる。

## 訪問初期（二〇一〇年代前半）

濱：いよいよ突入したのが、二〇一〇年頃の某日ですね。私ふくめた三人で、トンネルを訪れました。

ご存知のとおり、あのトンネルは福岡市側からは入れるけど、宮若市側はブロックで完全に封鎖されている。

その宮若市側のトンネル入り口に行ってみると、ブロック越しに人の気配を感じるんです。いくらみっちり積まれているといっても、隙間はあいてますから。

どうも輩が五、六人いて酒盛りしているらしい。向こうも隙間から漏れるライトの明かりや声で気づいたんでしょうね。

「おーい！　てめえなんだよ！」

すぐ近くまできて、怒ってくる。「うるせえ！　なんだてめえ！」と、こちらも強気で言い返して、ブロック越しに口喧嘩です。お互い、長時間かけないと周ってこられないことはわかってるので、気が大きくなっていたんですね。

昔と違って、皆、基本的にはインターネットで情報を見て、訪れていた感じです。

自分もそれこそ、「朱い塚」を見たりして行ってましたね。

それでも「犬鳴村」についての噂は、二〇一〇年あたりはすごく盛り上がってましたよ。

自分たちが「どっちが村だろう?」とケータイで調べていたら、すぐ他のグループたちも来て、「右側いったら民家と畑あったけど、それだけだったよ」なんて会話を交わしたりしてました。

ネットが普及していたとはいえ、若者たちは「犬鳴村」の存在を信じて、本気で探していたところはありましたね。

ただここ数年は、もうほとんど誰も「犬鳴村」探しをせず、旧トンネルの方に迷わず行って、肝試しだけして帰っていく、という人が多くなった気がします。

二年くらい前までは、土日は夜でもだいたいひっきりなしに人が来てましたね。私も怪談師の方と一緒にトンネルを訪れましたが、その時にも嫌なものを発見しています。トンネル近くの木の枝に、ネクタイがぶら下がっていた。それも首を吊るかたちに結んであるやつです。

怪談師と一緒に確認したんですが、下の方が黒ずんでいるんですよね。首吊りした後の、特有の痕跡ですね。たぶん遺体だけ回収されたんでしょう。

肝試しだけでなく、自殺しに来る人もいるんだな……と。

ただ最近は、地元民の見回りが強化されて入りにくくなっているそうですけどね。

インターネット普及の前・後という時代の影響が大きいのだろう。やはり塚本氏の話と比べると、「地元の謎めいたスポット」から「一般的な有名スポット」へ様変わりしている印象を受ける。「犬鳴村」の影響力も薄くなってきているようだ。

ただそれだけに、この場にまつわる「実話怪談」は、二〇〇〇年代を境に数を増し、かつバラエティ豊かになっているようだ。もはや当地の怪談は、「犬鳴村」に限ったものではない。

## 「犬鳴」であった怪異の数々

濱：二〇〇六年、私の友人Aが十代半ばだった頃の話です。

当時、Aはビッグ・スクーターの免許をとったばかりで、ドライブ三昧《ざんまい》を楽しんでいました。それがある時から、心霊スポット巡りにシフトしていったらしいんです。

そうなると当然の流れとして、犬鳴エリアに行くことになる。ある日、友人と二人、旧トンネルまでスクーターを走らせました。そしてトンネル内を探検しながら、使い捨てカメラであちこち撮影していったんですね。

帰宅後、その写真を現像してみて驚きました。ある一枚に写ったAの首に、くっきりと赤い線が走っていたんです。

どういう具合でこうなったのか、さっぱりわからない。

気持ち悪く思ったAは、その写真をすぐに捨ててしまいました。

それから少し経った、ある日のこと。

Aはスクーターの後ろに彼女を乗せ、家の近所を走っていたそうです。毎日のように通っている、なじみ深い道です。

ただ、その途中、Aのスクーターは、いつも通らない裏路地へと曲がっていきました。

自分でも、なぜそうしたのかわからない。とにかく、なんとなく細い道路に入っていったんですね。

するとAの目の前に、突然、ぴんと張ったロープが現れました。

これはイタズラというには悪質ですが、道の両端から、黄色と黒のトラロープが渡されてあったのです。

Aは真正面からそのロープにひっかかり、スクーターごと転倒。幸い、Aも彼女も命に別状はなかったのですが……。

Aの首には、真っ赤な線の痣がついたそうです。

これはまた別の、宮若市の方に住んでいる知人Bさんの話です。

心霊好きの人で、自分の怪談イベントに来てくれて知り合いました。イベント後に色々と話しかけてくれて、「自分はもう何十回も、犬鳴トンネル行ってるんですよ」と。

さすがにそれだけ行ってると怖さもなくなってくるんですよね。

もう、ちょっとした散歩のつもりで、トンネルを訪ねていく。道が二股になっているところで車を停めて、ぶらぶら歩いては帰ってくる……ということを、しょちゅうやっていたそうです。

ある日のこと。

Bさんは友達三人と連れだって、いつものように旧トンネルに向かっていました。トンネルへと続く道のゲート、そのフェンス扉をぎいい……っと開けて入り、またぎいっ……と閉めた後、そのまま進んでいく。

ただ、なぜでしょうか。その夜に限って、どんどん空気が重くなっていく。道の途中から、それまで感じたことのない雰囲気に様変わりしていたそうなんです。

「なんか今日はやばい、もう帰りたい帰りたい」

怖くなってきた自分と友人の二人は、そう主張したのですが。もう二人の友人はなにも違和感を覚えていない様子。

「なにいってんだよ」と意に介さず歩いていくので、仕方なくその後を追いかけていった、その時。

ぎぃいいいいいい……背後で扉の開く音がした。

ゲートが、誰かによって開けられたのか？

「あ、人が他にもきた」

今日に限っては、他のグループも来てくれた方が、なんとなく心強い。勇気づけられたBさんは先に進み、旧トンネルまでたどり着きます。そこですぐに写真を撮影し、スマホを確認してみたところ、

「おい、これ見ろよ！」

トンネルの前に、半透明の女みたいな影が写っていました。

「やっぱり、今日はやばいんだよ」

「もう帰ろう、すぐに帰ろう」

蒼ざめた四人は、急いで元来た道を引き返していきました。しかしゲートに戻ったところで、全員の足がピタリと止まります。

ゲートの扉が、閉じたままだったからです。自分たちが入った時と寸分たがわず、そのままになっている。でもそれはおかしい。

扉が動く音は、確かに聞こえた。でも一度しか聞こえていない。いったい誰がどうやって入ってきたのか、または出ていったのか……。


また別の日、自分の先輩が深夜に旧トンネルに行った時のことです。肝試しをしていた時はなにもなかったんですが、その帰りの峠道。

助手席に乗っていた先輩が、やけに車が右に左に揺れていることに気づいたんです。なんだ？　と思って横を見ると、運転席の友達がハンドルを握りながらガタガタと震えている。しかもその視線が、あらぬ方を向いてかたまっている。

「おい！　おい！　危ねえぞ！」

先輩が叫ぶ。峠道の反対側は崖になっているので、落ちたら大事故です。しかし友人の耳にはなにも届いていない様子。どころか、その瞳から涙がぽろぽろぽろぽろ、こぼれ落ちてきた。これはさすがに、尋常じゃない。

ばちーん！　慌てた先輩は、友人の頬を思いきり叩いたそうです。

「うわっ」と正気に戻った友人は、車をまっすぐ立て直すと。

「今……やばいものみた」

車の外、それも崖側の方に、人が見えたのだという。白い服を着た女が、急峻な崖の上に佇んでいた、と。

しかしそちらはほぼ断崖絶壁。女どころか誰であろうと——空中にでも浮かばないかぎり——立っていられるはずがない。

それを見て怖くなっているうち、放心状態になってしまったそうです。

ただその時、同じ方を向いていた先輩にはなにも見えていなかったのですが。

……といったように、犬鳴あたりは「女が出る」という話がなぜか多いですね。

車の中に小さい手形がびっしりついた……というパターンも多いのですが、それと同じくらい、謎の女を見たという体験談ばかりです。

実は私自身も、女の悲鳴を聞いたことがあるんですよ。

怪談イベントで使うための映像を、旧トンネル付近で撮影していた時です。

宮若側の封鎖された端まで行って、先ほどの、友人がロープで事故った話を語ろうとしたんです。準備のために回していたカメラを止めて、数本のロウソクを地面に立てて、さあやろうかと思っていたら。

イイイイイイイイ！

という、女の悲鳴がトンネルから響いたんです。「きゃあー」じゃなくて「イイイイイイ！」という声でした。

ブロックの隙間から向こうを覗いたけど、誰もいない。さきほど通った旧道を振り返っても、誰もいない。明らかに、トンネル内にいる誰かの叫び声が反響している感じでした。

「ダメだ、ここで、この怪談をするのはダメだ」

すぐに皆で、その場から立ち去りました。


――でもなんで「女」なんでしょうね。あそこで殺されたのは男性なのに。

新トンネル前の公衆電話も女岩も、なぜか「白い服の女」にまつわる体験談ばかりです。とはいえ、「男」の話がまったくないわけでもなく……。

怪談師とトンネルを訪れたと言いましたよね。

そこで私たちがトンネル近くに到着した時、もう先客がいたんですよ。若者たち数人が「いやあ、撮れんね！」と騒いでいるんです。だからこっちから「どうしたんですか？」と訊ねてみたら。

前回、彼らが来た時、トンネルのブロックの上から心霊写真が撮れたそうなんです。かなり怖ろしいものが写っているんだけど、もしかしたら壁のヒビとかシミとかの具合かもしれない。

だから再訪問して、同じ角度からどんな写真が撮れるか検証しているところだ、というんですね。

二枚の画像を見せてもらったんですが、確かに位置もアングルも一緒。

ブロックの上からトンネルに対して体を横に向けて、トンネル内部ではなく入口の真横を撮影したものでした。

でも、過去画像の方はおかしいんですよ。ブロックの奥、下からなにかが覗いているんです。明らかに、「男」。鼻から上だけを出している、男の顔の一部です。

しかもその顔、真っ黒なんですよね。まるで焼き殺された人みたいに。

## ここ数年の「犬鳴」の現状

濱：ここ数年の特徴としては、YouTuber の人たちが配信のためによく来るようになっています。

「ゾゾゾ」など、心霊スポット突撃YouTuberの影響もあるんじゃないでしょうか。実際に、YouTuberらしき人がパトカーにつかまっているところに出くわしたこともあります。

おそらく地元の人か、実況配信を見ている「アンチ」が通報して、警察もそうなると事情聴取に動かざるをえなくて動いたんだと思われます。なんとも現代的な話ですね。

二〇一八年頃まではゲートも鍵がかかっていませんでしたが、今は本当に取り締まりが厳しくなっていますね。宮若市・福岡市の双方ともはっきりと不法侵入だと告知していますし。

ただ一方の福岡市側は、登山道もあるので、旧道全体を完全封鎖はできないのではないかと思われます。とれる手段としたら、地元民や地元警察が見回り強化して、侵入者を見つけては怒る、という方法しかない。

ゲートも錠がかけられ封鎖されて、監視カメラもつくようになりました。

それでもまだ、行く人は行くみたいですけどね。

ただその反面、これまで許されなかったテレビ取材なども、許可が出るようにはなっているみたいです。

某テレビスタッフの人から直接話を聞きましたが、番組として許可を取ってロケ撮影し、ちゃんと放送までしたみたいですね。

昔は暴走族やヤンチャな人が来るというイメージでしたが、最近は配信者が多くなっている感じ。

また映画やテレビも、企画として大々的に扱うようになった。

もう純粋にガチで怖がっている人などいなくなり、皆あそこを「ネタ」扱いするようになった。それが「犬鳴」の現状なのかもしれませんね。

大鳴隧道

# 犬鳴村特別座談会

## 歴史があるから怖い噂も

住倉カオス：心霊スポット特集とかをすると、やはり全国一の心霊スポットと言われることが多いですよねえ。

吉田悠軌：そうですね、日本で最恐のスポットといえば、だいたい犬鳴トンネルが一位に上がることが多いですね。

住倉：久田さん。いかがでしょうか。

久田将義[※1]：僕はいま「TABLO」の編集長をしていますが、二十年くらい前に「実話ナックルズ」[※2]という月刊誌でも創刊からの編集長だったんですね。ヤンキーばかり載せている雑誌だったとはいえ、けっこう都市伝説もやっていまして。九州で犬鳴村というのが出てきたというのを聞いて、ライターさんに取材で行ってもらったんじゃないかな。

僕の感覚では、青森県の杉沢村――あの「地図から消えた村」というフレーズで出てきたのが、たぶん元になっているんじゃないかと思いますね。「2ちゃんねる」[※3]などネットのおかげで杉沢村が出て、そこからテレビ番組「アンビリバボー」[※4]でやって、消えた村ブームみたいになって。それで犬鳴トンネル・犬鳴村っていうのが出てきたような背景があると思うんです。あと二十年前って廃墟ブームもあったんですよ。それも大きいと思いますね。そして映画では『ブレア・ウィッチ・プロジェクト』[※5]があったり。

住倉：ちょっとその辺ディープな話とかもありそうですけどね、吉田悠軌さん。

吉田：わたしは怪談を仕事としていまして、その中でも怪談の現場、場所に着目して調べるというスタイルをとっています。で、そうなると犬鳴トンネル・犬鳴村っていうものはだいぶ調べ甲斐のあるスポット、場所なんですね。

　心霊スポットって、なんの歴史もいわくもないものが多いですけども。犬鳴峠の辺りというのは、調べると根も葉もない噂やデマであったりもする部分もあれば、ああ、こういう歴史があるからこういう怖い噂が出てきているんだな、と着目できる面白さもある。

　そういう意味ではやっぱり、いい意味での日本有数の心霊スポットだと思うんですよね。

住倉：二十年前くらいって、ネットが普及してきた頃ですよね。だから、今までは調べるのに自分が行かなきゃわからなかったことが、わりと簡単に調べられるようになってきた。

そして、まだ「消えた村」なんてものがあるんだっていうことも知られていくようになる。

久田：そうですね。廃墟ブームがあって、赤線跡や青線跡を歩くみたいなブームもちょっとあったんですね。なんだか郷愁を誘うような——今でも※6軍艦島《ぐんかんじま》が流行ったりしていますけど、そういうことがずっと続いているんですよね。本当に、こんな狭い日本で地図から消えた土地なんてあるの？　という。

　ぼくも北海道に行って、誰もいなくなった村や町を訪ねてみたんですけど、まあだいたい炭鉱跡なんですよ。※7日窒鉱山《にっちつこうざん》や、軍艦島と同じような感じなんですよね。そういう村はいっぱいあるので、それが結集されて犬鳴村伝説に昇華されていったのかな、とも思うんですよね。

住倉：ちょっと、ぼくも思い出したことあるんですけど。今はネットで都市伝説などが有名になるというイメージもあるんですが、ぼくは福岡出身で、小学校とか中学校の頃に深夜ラジオ聴いていたら、地方局だと思うんですけど、「今週の犬鳴村コーナー」っていうのがあったんですよ。後で話に出てくるかもしれないですが、犬鳴トンネルで実際に凄惨な事件（P21参照）があったじゃないですか。あの事件の前なんですよ、ぼくの子供の頃なので。

　つまり、その当時から心霊スポットとして、福岡県内ではあまりに有名で「今週はこんなことがあった」という投稿ハガキが毎週あったの。聴いていたら、「上半身だけのおばあさんが匍匐《ほふく》前進してきて車からついてきて、死ぬような体験した」とか。そういうのが毎週あったんですよ。
吉田：それは犬鳴村という謎の集落があるっていう都市伝説というよりは、心霊スポットとしての犬鳴トンネルの話ですか？
住倉：犬鳴峠ですね。犬鳴峠の心霊話です。村の話は、確か、まだ出ていなかった。
吉田：一九八〇年代くらい？
住倉：そうですね。まさに八〇年代初頭ですね。
久田：暴走族とかヤンキーとかを、ぼくはよく取材していたんですが、彼ら、好きなんですよ、怖い話が。ここやばいぜ、みたいな話が好きなんですね。だから、杉沢村に案内してくれたのも、青森のどヤンキーでした。「これホントっすよ」みたいな感じで案内してくれるんですよ。ヤンキーとか暴走族というのは、ホラーや怪談に非常に親和性がある。
吉田：私もトンネルに行った時、ヤンキーにからまれたことがあって。
住倉：まあ、心霊スポットってヤンキーがつきものですよね。
吉田：白いセダンで行くと呪われる、という都市伝説があるじゃないですか。自分が犬鳴トンネルを訪れた時、すぐに後ろから白い軽自動車がやってきたんですよ。やばいなあ……と思っていたら、その軽自動車が停まって、中学生くらいの子どもが降りてきたんです。しかも、缶酎ハイ片手にですよ。飲酒運転してたんですね。それでまた、助手席からも缶酎ハイ片手にした男の子が降りてきて、後部座席からも缶酎ハイ持ったやつが、また二人降りてくる。「ああ、ど〜も」「どうもで〜す」みたいな感じで。

住倉：なんかジモティ感がありますね。

吉田：「心霊スポット回ってるんすよ〜、他にいいとこあります？」と言ってくる。こっちも怖いから「福岡だったら他にこういう心霊スポットが……」と話を合わせていたんですね。まあ、四人とも体は小さいし、最悪、襲われても一人くらいは倒して逃げきれるかな、とか思っていたら、いきなりトランクがガタン！　と開いて。「えっ」と思ったら、そこからゴロゴロと缶酎ハイ持った少年が二人、転がり出てきたんです。軽自動車に六人乗っていたんですよ。で、みんな缶酎ハイを持っている。これはもうダメだと思って、彼らに愛想よく挨拶しつつ、車でさっさと逃げました。

## 犬鳴村伝説再考

住倉：元々、この犬鳴トンネルというのは、どういう場所なんですか？

吉田：ざっくり言いますと、まず「旧犬鳴トンネル」という、今は使われていないトンネルがありまして、そこは元々、心霊スポット化していたんですよ。

一九七五年に新道ができた後、普通に旧道も使えはしたんですが、新道が通ったら旧道なんて使われなくなるじゃないですか。そして日本全国、旧道になった旧トンネルというのは、必ず心霊スポット化するんです。もうこれは絶対、一〇〇パーセントです。

しばらくの間、旧犬鳴トンネルというのは、そういう意味でどこにでもあるような普通の心霊スポットではあったんですね。それがおそらく一九九〇年代あたりになって「犬鳴村の伝説」というのが、地元の人たちの間で囁かれ出したと思われます。正確な年月はわかりませんが。

内容は、旧犬鳴トンネルの近くに「この先、日本国憲法つうじません」という看板があるらしく、それを無視して入っていくと、ボロボロのあばら家が数軒というような集落がいきなり出現する。驚いていると、すごく足の速い村人が鎌とか斧とかを持って追いかけてくる。逃げ切れなくて捕まっちゃったやつもいれば、ほうほうの体で車に乗り込んで、車体を鎌でガリガリ傷付けられながらも逃げ出せたやつもいる。その辺りでは携帯電話の電波が通じなくなるので、急いで最寄りのコンビニの公衆電話まで逃げて行くのですが、なぜか公衆電話も使えない。また、犬鳴峠のどこかに電話ボックスもあるんだけど、それも通じない――。

　犬鳴村はどういうところかというと、江戸時代の頃から差別されている人たちの閉鎖された集落があった。その流れが今でもずっと続いていて、すごく排他的なので外部の人を寄せつけない。近親交配とかを繰り返して、怪人のようになってそこで暮している。日本の政府も一応情報として知ってはいるけれど、手のつけようがなくてそのままほったらかしにしている。だからそういうところにいくと襲われちゃうんだよ……っていう。

　どれも根も葉もないデマなんですけど、そんな噂が流れたんです。そういう都市伝説が、ネット誕生前に福岡ローカル、九州ローカルで囁かれていたんですね。

　それがインターネットの登場、というよりも「2ちゃんねる」誕生の一九九九年以降ですね。2ちゃんねるが九九年五月に創設されて、その年の一一月に「犬鳴村」というスレッドが立って、こういうところがあるよと紹介された。そこから福岡ローカルだった犬鳴村伝説が全国に広まっていったわけですね。

　先ほども久田さんが仰ったように、一年ほど先輩に「杉沢村」という似たような伝説が青森県にあって、それも青森ローカルの伝説だったんですが、やはりインターネットの登場で全国に広まっていった。まず「杉沢村」があって、ワンテンポ遅れて「犬鳴村」が広まっていったのですが、まったく似たような流れです。

住倉：なるほど。でもなんでその伝説は、九〇年代とか――比較的新しいのでしょうか？
吉田：そうですね、心霊スポット化したのが一九七五年以降で、そのあと八〇～九〇年代のどこらあたりで「犬鳴村伝説」が生まれたのかは誰も調べようがないので、確実なことは言えないのですけど。おそらく八〇年代にホームレスの人たちが犬鳴トンネルのあたりの山々に数名、小屋を建てて住んでいたらしくて。

他にもマムシ取りの業者の人たちが、漢方薬にするためのマムシを採取していた。業者の人たちは、夏場にはテントを張って何泊もしていたらしいんですよ。そういう人たちが鎌を持ってうろついていたらしい。
住倉：ヘビ屋さん、昔はいましたね。
吉田：はい。九州にはよくいましたよね。犬鳴エリアは、元々が心霊スポットではあったので、地元の若者たちが突撃しにくる。で、それを見かけて「あ、変な集落がある」「鎌を持った不審人物がいる」というところから、犬鳴村のイメージができていったのかな、と。

彼らが、街に戻って仲間たちに「こういうのを見た」といって尾ひれをつけて話すうちに「犬鳴村」というのがあるらしいなんて怪談になっていくと。それがフィードバックされて、さらに心霊スポットに突撃する若者が増えていく。

周囲にはちゃんと住んでいる人たちもいるのに、畑を荒らしたり、集会をしたり、ゴミのポイ捨てをしていく。すると、その地域の人が看板を立てるんですよ。「やめろ、警察に通報するぞ」って。

住倉：はいはい。

吉田：おどろおどろしい手書きの文字で「殺すぞ！」みたいな看板を立てたり。あと「この先、日本国憲法つうじません」っていう看板は、実際にあったらしいですよ。一九九六年の時点では無くなっていたそうですけど、少なくとも九〇年代前半までは目撃されていたという証言もあって。まあとにかく、ヤンキーのやつらを威嚇するための看板だった。

住倉：なるほど。

吉田：あとはやっぱり、一九八八年一二月の殺人事件。旧トンネルのところで悲惨なリンチ殺人が起こってしまったので、その影響もあるでしょうし。いろいろな要素が、複合的に重なり合っているんですよね。

住倉：でも、実際に行くと結構、怖いですもんね。

吉田：ビジュアルはホントにね。あのブロックはトンネルに入らせないための処置でしょうけど、あれが逆に怖さを際立たせていますもんね。

住倉：補足で、犬鳴にまつわる伝説にどういうものがあるかをここで――。

トンネルの手前に「白のセダンは迂回してください」という看板が立てられている。また村の入り口に「この先、日本国憲法つうじません」という看板がある。日本の行政記録や地図から完全に抹消されている。すべてのメーカーの携帯電話は圏外となり、使用不能となる。近くのコンビニエンスストアにある公衆電話は警察には通じない。若いカップルが面白半分に犬鳴村に入り、惨殺された。

……など、ありますね。

吉田：不良が来るという現実的な恐怖もありますよね。向こうも怖いから、あんまり敵対心は剥き出しにしない。

ただし、注意しなきゃいけないのは帰り道。一九八八年に悲惨な事件が起きた後も、一九九二年と二〇〇一年に、この旧犬鳴トンネル、峠に行ったグループが事故に遭っています。

一件目は一人も死ななかった、みんなケガですみました。ただこれもやっぱりね、車一台に十人乗っているという人数超過だったんですけど。

二件目は死亡事故だったんですね。四人が亡くなってしまった悲惨な事故でした。犬鳴峠の肝試しの帰りに事故に遭ったっていうので、それが心霊スポットとしての恐怖度を増すことになったんです。

## 消えた村伝説の恐怖

住倉：犬鳴という名前の由来も色々と説がありますよね。
吉田：そうですね。ものすごく古い地名なので、近代以前には「たたら場[※8]」として製鉄を行っていたりとか。たぶん炭焼き小屋とかがあったような場所なんですね。
　山で暮らす人々がいたのは確かでしょうね。ダムに沈んだ犬鳴村とは、まったく関係ないですよ。本当に人が住んでいた犬鳴ダムの川の上流の集落とは一切関係なくて、峠に住んでいた山の住人というのがいたと思います。そこらあたりは、久田さんが詳しいのでは。
久田：そうなんですよね、では、どんな人が住んでいるんだろうか。吉田さんの話に補足をすると、たぶん山の民、サンカ[※9]というのがありまして。ちょうど同じく二〇年前くらいに、ブームになっていたんです。一九八〇年代にも『瀬降り物語[※10]』という映画があったりして。
　さらに昔には、三角寛[※11]っていう人がいて「日本には、縄文時代から住んでいる人がいて、弥生時代に日本列島に来た人に攻められて、山の方に逃げて、独自の言語を作ってずっと生きてきた」と主張した。実際、太平洋戦争の時には、まだ戸籍がない人たちもいたんですよ。それをモチーフにして、たぶん犬鳴村の村人伝説みたいなのができたのかな、と。

実際の山の民っていうのは、そういう（縄文時代からの）原住民ではないんですけど。日本人のルーツって何かなって、自分も知りたいじゃないですか。もしかしたらサンカなのかなと思ったりもして。

単なるオカルトだけじゃなくて、オカルトに基づいた事実があるというものが、ぼくは好きなんですね。だから多分、サンカ伝説というものが犬鳴村伝説の中に入っていったんだろうと思ってます。サンカって別に原住民ではなく、虐げられた人が山の中に逃げ込んだという説があって。ぼくも多分そうだと思います。ぼくも実際、サンカと言われている人に取材したこともあるんですけど、おそらくそういうことなんだろうな、という感じがして。そっちだと、ちょっとロマンがなくなっちゃうんですけど。

吉田：まあ社会からちょっとアウトサイダーになった人が山に逃げ込んで暮らしていたという意味では、現実にあったでしょうね。本当にサンカという民族があったとは思えないですけど。

久田：そうなんですよね。

住倉：ところで、先ほどから話に出ている「杉沢村伝説」はどういうものなんでしょうね。

吉田：青森県の某所に、地図から消えた村があるらしい……というのが若者の間の心霊スポット伝説、都市伝説としてあって。

戦前、その村でおかしくなっちゃった若者が、村人を皆殺しにして自分も自殺した。でもそれがあまりにも凄惨な事件だったんで、当時の日本政府は事実を全部隠して、村も登録から抹消して、地図にない村とした。だけどその怨念が残っているのか、青森県のどこかの山道を行くと、変な村に迷い込んでしまう。その村に入った人は、かつての惨劇の一夜を追体験してしまう。

……という「杉沢村」がどこかにあるらしいという話。これもおそらく、インターネット登場以前からあったんですよ。青森のヤンキーのローカル怪談、都市伝説として伝わっていた。それを一番はじめにメディアでちゃんと取材したのが、久田さんの『ダークサイドＪＡＰＡＮ』創刊号でしたよね。

久田：そうでしたね。繰り返しになっちゃうんですけど、「地図から消えた村」というフレーズや、地図にない村みたいのって本当にあんの？　みたいなものに飛びついたのがぼくらでした。「杉沢村」というネーミングも、すごくいいじゃないですか。普通なのに、なんだか怖い。ぼくらが雑誌に載せた後、テレビ番組の「アンビリバボー」で放送されて、ちょっとしたブームになったと思うんですよね、ＤＶＤになったりとかして。

吉田：「犬鳴村」も半分くらいは事実の土壌があったのと同じように「杉沢村」も実際に存在して無くなった小杉集落というのがベースになっているのではないかと。青森市街から車で三〇分くらいでいける場所にある廃村です。赤い屋根の家とか入り口にある鳥居とか猿田彦の石碑とか、それらも実際にあるんですよ。本当に、ひょんなことから迷いこんじゃったヤンキーたちが「襲われた」というような尾ひれをつけた噂を広めたんでしょう。

久田：だから0を10にしたわけじゃないんですよね。犬鳴も杉沢も1を10にするから面白いんであって、元ネタが本当にあったという驚きが、都市伝説やオカルトの面白さだと思うんですよね。

吉田：そしてまた、いい時代だったんですよね。一九九九年に『ブレア・ウィッチ・プロジェクト』が日本公開して、インターネットが普及してきた時期で、かつ、まだ雑誌にも勢いがあった。それこそミリオン出版の『GON！』のせいでもありますよ、犬鳴村とか杉沢村が広まったのは。

久田：「本当にあった！」「杉沢村、見つけた！」みたいなことやっていましたからね。ホントかよ、と皆さん思ったでしょうけど、まあ『東スポ』のノリですけどね。でもこうやって話をするのは面白いですね。謎解きみたいな話もあったし、犬鳴村も懐かしくて——もう一回、都市伝説取材したいなと思いました。

## 注釈解説

※1　**久田将義**（ひさだ・まさよし）
フリーライター、編集者。著書に『生身の暴力論』『関東連合』『トラブルなう』『原発アウトロー青春白書』など。「TABLO」は反権力ニュースサイト、前身は「日刊ナックルズ」。

※2　**実話ナックルズ**
『GON!』『ダークサイドJAPAN』の後継誌として2001年10月創刊された雑誌。

※3　**2ちゃんねる**
1999年5月に開設された電子掲示板。2017年10月に「5ちゃんねる」へ名称変更。

※4　**奇跡体験！アンビリバボー**
フジテレビ系列で1997年10月25日から放送されているドキュメンタリー系バラエティ番組。

※5　**ブレア・ウィッチ・プロジェクト**
1999年公開のアメリカ映画。ドキュメンタリータッチの撮影方法が話題になったミステリーホラー。続編『ブレア・ウィッチ』も公開。

※6　**軍艦島**
正式名称は端島《はしま》。長崎県長崎市にある無人島。日本初の鉄筋コンクリート造の高層集合住宅がある。海底炭鉱によって栄えたが、1974年の閉山にともない無人島化。2015年、世界文化遺産に登録。

7　**日窒鉱山**
秩父鉱山。亜鉛、磁鉄鉱、珪砂などを採掘し、最盛期には年間50万トンを出鉱するも1978年に金属採掘を中止。

※8　**たたら場**
古代から近世にかけて発展した、砂鉄から鉄を取りだす製鉄する場所。呼称は、炉に空気を送り込むのに使われる鞴《ふいご》が「たたら」と呼ばれていたことにちなむ。

※9　**サンカ**
日本にかつて存在したとされる放浪民の集団。狩猟採集や箕の生産などで生計を立てていたとされる。定住をしなかったため人別帳や戸籍に登録されないことが多く、人口などの実態は謎に包まれている。

※10　**瀬降り物語**
1985年の日本映画。東映制作。萩原健一主演、中島貞夫監督。原始的な自然に囲まれた「サンカの愛と性」を描いた。

※11　**三角寛**（みすみ・かん）
1903年7月2日〜1971年11月8日。小説家、サンカ作家、映画館経営者。多くのサンカ資料を残したが、創作が多く学問的価値は低いと評価されている。

映画『犬鳴村』公開記念イベント「これが犬鳴伝説だ」
（2020年1月30日　渋谷TOEIにて開催）での出演者のトークを再構成の上、掲載しました。

# 第二部　犬鳴実話怪談

# この電話番号は

吉田悠軌

私の遠い親戚に、ヒロシという五十代の男性がいる。

一九九〇年代初め、当時二十歳前後だったヒロシおじさんは、とにかく毎日のようにバイクを乗り回していたそうだ。

その夜も、バイク仲間の友人二人と、どこへツーリングしようか話し合っていたのだが。

「心霊スポットなんていいんじゃないか」

「そうだな。福岡に住んでるんだから、あそこは行かなきゃダメだろう」

言わずもがな、犬鳴峠を目指すことになったのである。

新トンネルから峠道に入る。しばらく走った先が、例の旧トンネルだ。

当時はまだ入口も封鎖されておらず、バイクのまま乗りつけることができた。

汚らしい壁に、バイク三台の排気音が反響した。奇妙などよめきは、まるで人の悲鳴にも聞こえる。それも女の嬌声《きょうせい》というより、男の低い断末魔のようだ。

誰も一言も発さない。ヒロシは友人たちに気づかれないよう、小さく身震いした。

おそらく他の二人も、つい最近に起きた、あの殺人事件を思い出していたはずだ。

「……もういいか」

滞在はわずか数分ほど。皆でいそいそと帰路につくことになった。

「結局、なにも出なかったな」

Uターンしてトンネルを抜けたところで、誰からともなく強がりが発せられた。

そこからはヒロシを先頭に、三台が連なって暗い峠道を戻っていく。

右に左に、数回のカーブを越していった、その時だ。

——ギャリリリリリリ

突然、金属同士がこすれるような甲高《かんだか》い音が、すぐ背後から聞こえてきた。

なにかと思って振り向いたところで、ヒロシは我が目を疑った。

自分のすぐ後ろを、誰もまたがっていない、無人のバイクが走行している。

いや、走っているのではない。車体をガードレールにこすりつけながら、カーブの曲線に沿って「立ったまま転がって」いるだけだ。

もちろん、バイクはすぐに大きく揺らいで転倒。そのまま路面を滑って停止した。

慌てて自分の単車を停め、後方を確認してみる。

少し先の道路に、停車したバイクと友人が一組。その傍らで、もう一人の友人が倒れている。どうやら、なにかの拍子にバイクから放り投げられてしまったようだ。

すぐに駆けよってみたところ、幸い意識はあるようで、

「悪い、滑った」

はっきりした答えが返ってくる。見たところ、大きな怪我もしていない。

それでも、すぐに救急車を呼ばなくてはいけない。ただし当時は、携帯電話があまり普及していない時代。ヒロシたち三人の誰も、ケータイを持っていなかったのである。

冷や汗をかきつつ周囲を見渡したところで、ある光景に瞳が止まった。

夜道に沿って、白いガードレールがずうっと延びている。

少し先、バイクがこすれた崖側とは反対の、山側のガードレール。その一部分だけが、不自然に途切れていた。

山側といっても勾配のある斜面ではなく、雑草の茂った空き地が広がっている。

黒々とした草むらが続いた向こうに、なにやら四角い光が灯っているのが見えた。

電話ボックスだ。

道路から数メートルも離れた、街灯もない真っ暗な山中に、ぽつり、と公衆電話の箱が設置されている。そこから蛍光灯の明かりが、ジジ、ジジジ……と瞬いている。

(なんだ、あれ。なんで、あんなところに)

違和感を覚えつつも、とにかくヒロシは草を踏み分け、ボックスへと駆け寄っていく。

丈の高い雑草が、扉の下部を囲んでいたが、開けるのに支障はなかった。

緊急通報の赤いボタンを押した後、１１９の番号をプッシュ。コール音もなく、電話はすぐに繋がった。

繋がったのだが、しかし。

……この電話番号は、現在使われておりません……この電話番号は、現在使われておりません……

番号不使用の、あのアナウンスが流れてきた。

(くそっ、慌てて押し間違えた)

いったん送受話器をフックにかけてから持ちあげ、再び緊急ボタンをぐうっと力強く押す。今度は慎重に、1…1…9……とボタンを押した。

しかし次の瞬間。

……この電話番号は、現在使われておりません……

との声が、受話口から聞こえてきた。

「なんだよ、これ！」

訳がわからず、また同じ作業をやり直す。

……この電話番号は、現在使われておりません……この電話番号は……

しかし流れてくるのは、全く同様のアナウンス。

何度も何度も繰り返しても、なぜか結果は変わらない。

「なんで！　なんで！　なんで！」

もはやヒロシがパニックに陥りかけた時。

道路の方から、自分の名前を呼ぶ声がした。無事な方の友人が、こちらに向かって大きく手招きをしている。

電話ボックスを出たヒロシの耳に、車の走行音らしきものが届いた。

急いで道路へ戻ってみると、ちょうどカーブの向こうから、ヘッドライトの光が曲がりこんでくるところだった。

二人して大声を上げ、ぶんぶんと両手を振り回し、なんとか車を停めることができた。

かつぎこまれた病院で応急処置と検査を受けたところ、友人の怪我は軽い骨折のみ。特に大事はないだろう、と診断された。

ようやく安心したヒロシは、待合室のベンチに座り込んで、ほうっとため息をついた。

と、そこで初めて、あることに気づいたのだ。

先ほどの、草むらにたたずんでいた電話ボックス。

そもそも設置されている場所が、普通ではない。緊急通報がかからなかったのも、電話線の不具合か、もともと機械が故障していたのだろう。あんな特異なロケーションなら、ありえる状況なのかもしれない。

それならそれで構わない。電話が繋がらないこと自体は、別にいい。

だが、それよりも。

電話番号が確認できない時のアナウンス。そんなものは自分だって何度も聞いている。

いつもいつも、女性の機械的な声が、流れてくるはずだ。

しかし、先ほど耳にした声は。

——男、だったぞ?

あまりに慌てていたので気づかなかった。

しかしあれは、男の野太い、くぐもった声ではなかったか。

しかもあの声は、単に同じ音をリピートしている様子でもなかった。かけなおすたび、また一言繰り返されるごとに、抑揚もスピードも、はさまれる呼吸も、ひどく変わっていたではないか。

まるで電話口の向こう側にいる誰かがが、こちらに向かってしゃべりかけているような。

……この電話番号は、現在使われておりません……この、電話番号はげんざい、つかわれて、おりません……この電話は……

それなら、あの電話は、どこに繋がっていたというのだろうか?

# 公衆電話

村上ロック

今から二十数年前のこと。

福岡県で生まれ育ち、高校卒業後、地元の大学に進学したある男性が奇妙な体験をしたと聞かせてくれた。


「時代や土地柄もあるんですかね……」

当時彼が通っていた大学では、現在であれば先ず、間違いなく問題になるような先輩後輩間の主従関係があったという。

元々荒っぽい気質で知られるこの土地では、九〇年代に於いてもなおこのヒエラルキーは絶対のものだったそうだ。

彼が大学に入学し、数ヶ月が経った頃……。

その日の昼間、部室のドアがガラッと開き、三年生の男子がニヤニヤしながら覗き込むと、その場にいる十数人の一年生男子たちに向かって、

「よし。お前ら全員今晩九時、大学前の広場に集合や！」

それだけ言って去っていった。

普段から一年生に対し無理難題を吹っかけてくる先輩である。

今回も何をさせられるのか……。

皆、不安そうに顔を見合わせるが選択肢など無い。

先輩の言うことは絶対なのだから。

夜になり、言われた通り十五、六人の一年生男子が集まった。

皆、内心やれやれといった浮かない顔である。

と、向こうから一台の白い軽自動車が近づいてくる。

彼らの目の前で停まると、例の先輩が降りてきた。

「よし！　お前ら全員この車に乗れ……」

軽自動車である。

無理だ。

こちらは十五、六人いるのだ。

「え……いや……」

皆何かを言おうとし、やめた。

先輩は相変わらずニヤニヤしているが、その目の奥は笑っていない。

乗るのは絶対として、乗り方が問題である。

後部座席に四人が座る。

更にその膝の上に四人、更にその上に……。

地獄である。

「先輩無理です!」

「痛い痛い!」

一年生たちの苦悶の声を聞きながら、運転席の先輩は涙を流さんばかりにゲラゲラと笑っている。

「よし! お前たちこれから良い所に連れていっちゃる」

そう言ってこの晩、向かった先が犬鳴トンネルであった……。

当時から、地元では誰でも知っている心霊スポットである。

ああ、そうか。今晩はそこで肝試しでもするのだろう。そんなことよりも早くこの車中から解放されたい。

ようやく犬鳴トンネルの前に着いた途端、十数人の人間が車から飛び出した。

その様を満足そうに見ていた先輩。

「よし！　お前ら次はあれや！」

突然の司令にギョッとしながら先輩の指差す方を見ると、トンネル脇に電話ボックスがある。

「あそこに入れるだけ入れ！」

今度は狭い電話ボックスの中に男子五人が入ることになった。

ところが、ただ狭いだけではなかった。

興が乗った先輩が、火のついた爆竹を隙間から放り込むのだからたまったものではない。

爆竹の弾ける音と電話ボックス内の悲鳴。

それを聞き、笑い狂う先輩。

と、その時だ……。

ボックス内の公衆電話が「ヂリーン」と鳴った。

突然のことに「ギャッ」と悲鳴をあげて、電話ボックスから男子たちが飛び出してきた。

公衆電話は鳴り続けている。

その場にいる全員が電話ボックスを取り囲むようにして、無言でその音を聞いていた。

「先輩、俺、出てみます」

そう言ったのは電話ボックスの一番近くにいたリョウスケ君だ。

「お、おう。リョウスケ、出てみろ……」

先輩も流石にこの状況に戸惑っているのだろう。

電話ボックスのドアを開け、恐る恐る受話器を耳に当てたリョウスケ君……。

「え？　えっ？　なんで？　あれ？」

そう言った数秒後、受話器を置いて電話ボックスから出てきた。

「リョウスケ、なんだったと？」

まさに狐につままれたといった表情のリョウスケ君に、先輩が訊ねると、

「いや、受話器上げた途端に、電話の向こうから……」

リョウスケ！　と叫ぶ彼の母親の声が聞こえた。

「あんた！　なんでそげんところに行っとると！　そげんところに行ったらお母さんどうしたらよいか……」

そこで通話はブツッと切れたという。

何故、リョウスケ君の母親は、息子が犬鳴トンネルにいることを知っていたのか……。

そもそも、どうやって公衆電話にかけてきているのか……。

結局その後はそれ以上、馬鹿騒ぎをすることもなく妙な雰囲気のまま帰路についた。


夜中にようやく家に帰ってきたリョウスケ君。

玄関を入ると、茶の間の灯りが漏れている。

「ただいま」

呟いてドアを開けると、受話器を握りしめたままお母さんが死んでいた。


一体何があったのか。

電話越しに聞いた、叫ぶ母親の声。

「そげんところに行ったらお母さんどうしたらよいか……」

その言葉にどんな意味があったのか……。

今となっては何もわからないそうだ。

# 〇三〇五

川奈まり子

　福岡県の大学二年生、健二さんは、夏休みに仲間たちと肝試しに行った。

　訪れた先は、泣く子も黙る犬鳴峠。メンバーは、健二さんの彼女と彼女の先輩である三年生の男子学生、彼女の女友だち、それから健二さんの、計四名。

　先輩が車を出してくれて、運転も担当してもらえることになった。自然な成り行きで、健二さんは助手席に、女の子たち二人は後部座席に座った。

　雰囲気を堪能するために夜も遅くなってから福岡市を出発し、先に犬鳴峠のダム湖などを見物して、旧犬鳴トンネルに到着したのは丑三つ時のことだった。

　旧犬鳴トンネルは、第二次大戦中に朝鮮人や戦争捕虜を使役して造られたそうだ。それだけでもヤバそうなのに、さらに、一九八八年に凄惨なリンチ殺人事件の舞台になったというひわくつきの場所だ。

　その事件たるや残酷このうえないもので、なんでも、二〇歳の青年一人を五人がかりで、バールで袋叩きにし、石で頭を割り、ガソリンをかけて焼き殺したのだという。

言うまでもなく、ここが本日のハイライトだった。

きっと出る、と、健二さんたちは期待していた。

このトンネルは現在、封鎖されていて通れない。出入口に蓋をしている板の前で車から降りて、藪蚊に喰われながら幽霊を待った。

……が、何も起こらない。

しばらくして、「裏道を通って帰ろうよ」と、先輩が提案した。

前にも来たことがあり、裏道を知っているというのだった。

そこでまた車に乗った。

裏道はひどく狭く、車が二台すれ違えるかどうか怪しかった。おまけに霧が立ち込めていた。まばらに街灯があったけれど、濃霧に滲んで、道を照らす役に立っていない。

先輩がヘッドライトをハイビームにした。

すると、霧の中にフッと人影が浮かびあがった。左前方の路肩を歩いてくる、ようだ。

奇妙だ。時計は午前三時五分を指している。この時刻に歩行者がこんな場所に……。

健二さんは驚いて目を凝らした。見間違いかもしれないと思ったのだ。しかし、接近するにつれて、それが紛れもなく人間で、冬服を着た男性だと確信するに至った。

茶色いダッフルコートを着て、こちら向きに歩いている。頭頂部の付近まで禿げあがった中年の男で、幽霊らしさは皆無だが、真夏に冬支度は違和感がある。

「えっ？」と、驚いているうちに、行き過ぎてしまった。

急いで振り向くと、路肩には闇が凝《こご》っているばかりで、男は消えていた。

「今の！　見た？　ダッフルコートのおじさん！」

健二さんは我に返って大騒ぎした。しかし、彼女たちも先輩も首を傾げるばかり。

「さっき、いたでしょ！　ハゲたおじさんが真夏なのにコートを着て歩いてたよね？」

「バカ言うな」と、先輩は彼を否定した。「そんなの、いなかったよ。いたら気がつく」

「いやいやいや！　いたんだよ！」

結局、見たのは健二さんだけだった。

それから数日間は何事もなく過ぎていった。

忙しさに取り紛れてダッフルコートの男の記憶が少しずつ薄れてきた頃、下宿しているアパートで眠っていたら、急に寝苦しさを覚えて目が覚めた。

枕もとにある時計を確認すると、午前三時五分。

朝まで熟睡するたちなので、こんな時刻に目を覚ますのは珍しい。

どうして……と、室内を見回してみたら、テレビの画面が青く光っていた。

電源が入っているのだ。寝る前に消したはずなのに。

テレビのそばにリモコンが落ちている。そうそう、あそこに置いたんだよ、と、健二さんは思いながら仕方なくベッドから降りて、

「え?」

と、凍りついた。

体の向きを変えた瞬間、ベッドを寄せた壁が視界に入ったのだ。

そこに、自分以外の男の影が映っていた。自分の、隣に。

テレビの明かりに映し出された影だ。だから、テレビと壁との間にもう一人いなければおかしい。だが、自分以外、誰もいない。

そのとき、トンネルの近くで冬服の男を見たのと、今が同じ時刻なことに思い至った。

健二さんは震えあがってベッドに引き返し、タオルケットを頭に被って目をつぶった。

……とてもではないが、眠れるわけがなく、まんじりともせずに朝を迎えた。

以降、彼は、また午前三時五分に怪異に遭遇するのではないかと恐れるようになったが、

今のところは、あれから何も起きていないということだ。

# 一緒に来てほしい

日高屋四郎

「真っ暗な茂みのほうから突然現れたんです。目の前で派手に転んでから僕の足にしがみついて、鬼気迫る表情で何かを言っていました」

そう語るのは会社の後輩であるS君。飲みの席でたまたま不思議な体験談の話題になり、振られたS君は少し悩んだ後に、当時通っていた福岡県の大学から遠くない位置にあった心霊スポット「犬鳴トンネル」に友人二人と肝試しに行った話を始めてくれた。

S君達の前に突如現れた男の見た目は四十～五十代くらいの中年、シャツにジャージズボンのいかにも部屋着な服装は土まみれで、辺りに民家のない林の中では不自然な姿。

自分たちより二回りほど年の離れていそうな男が取り乱している光景はどこか現実離れしていたが、何より異様だったのは足元で叫んでいる男の言葉が一切理解できないことだった。

聞いたことのある中国語や韓国語とは全く違う、むしろ発音は日本語に近く、理解できそうでできない独特の気持ち悪さがあった。

何とか男を引きはがし、身振り手振りで落ち着いてもらおうとS君達は試みる。すると男は徐々に呼吸を落ち着かせて、自分の言葉が通じていないことに気づいたのか、今度は茫然とへたり込んでしまった。

落ち着いた三人はこの男が周辺に多く住むホームレスの一人なのではないかと憶測を立てて、トラブルがあったに違いないと警察に通報しようとしたのだが、電波はあるはずなのに繋がらない。何度かけ直しても繋がる気配は無かった。

いよいよS君の中に焦りが生まれそうになった時、また男に動きがあった。男は自分が来た方の林を指さしまた何かを言っている。依然言葉は解らないが、男の表情と声音から何となく「一緒に来てほしい」と頼まれているのだと察したという。三人は顔を見合わせてお互いの表情を確かめた後、男へ向き直り大きく首を横に振った。

「『絶対に行ってはいけない』という本能に近い意思が二人の顔に、後から聞いたら僕の顔にもくっきり出ていたんです」

強く何度も拒否の意思を示された男はやがて諦めたように俯《うつむ》くと、目に涙を浮かべているような悲しい表情を見せ、S君はその顔を今も思い出すそうだ。

男性が一人で暗いけもの道へ戻っていくのを三人はただ見つめることしかできなかった。

それからネットは発達し、犬鳴村は存在しないことが証明された。しかしS君の話を思い出すたび、いつもこちら側にあるとは限らないんじゃないか？　と、ついつい考えてしまう。

# 亥の子石

梨

九州から中国地方にかけて、一部地域には「亥《い》の子石」という名前の風習が残っている。
子供がひとり腰掛けられるほどの大きさの、平たく丸い石の側面に、鉤《かぎ》のような形をした特殊な金具を数個取り付ける。そして、その金具に一本ずつ綱を通し、石を中心として綱が放射状に伸びるように金具の間隔を調整していく。

冬になると、その石の周りに地域の子供たちが集まって一人ずつ綱の端を持ち、ごとんごとんと石を地面に打ち付けるようにして引きながら、周囲の家々を訪ね回るのだという。この際に子供たちは『亥の子歌』という特別な歌を唱和しながら町中を練り歩くそうで、歌声が近付いてくるのを聞いた住民は菓子や小遣いなどを用意し、子供たちの来訪を待つのだという。

子供たちが集団で地域の家々を回る、訪れた家の人から菓子を貰うといった点から、いわゆるハロウィンとの類似性を示唆されることもあるが、恐らく大きな相違点として挙げられるのが先述の『亥の子歌』の存在であろう。

この歌は地域によって細かな違いがあり、例えば佐賀県の某村だと「はんじょ（繁盛）せい、はんじょせい」と、家の繁栄を願う歌詞が残っている。また岡山県の県西では「新藁、新米持って祝いましょ」と歌われ、さらに一部地域になると、この後に「祝わん者は、角の生えた蛇の子を生め」と続くのだそうだ。

こういった習俗は現代に近付くにつれ失われゆくのが常であるが、この行事に関しては今になっても続いている地域が多くある。菓子や小遣いがもらえるということもあってか、地域の子供たちが積極的に参加する傾向にあるのが主な要因であるとみられる。

しかし。昭和の初め頃、九州のとある地域周辺では、この行事が一時的に禁止されていたことがあったそうだ。

当時その地域にあった分校の児童を数名ずつの組に分けて、亥の子石を行うこととなった。縄を括りつけた石を持ち、亥の子歌を歌いながら、子供たちが家々を訪ね歩く。

すると、そのうち二つの組の児童が、突然に教えたものとは違う歌を歌い始め、「前後不覺《フカク》」に陥ったのだという。その姿を見た地域の人々が「此《コレ》ハ亥ノ子ニ非《アラ》ザル」ものだと恐懼《きょうく》したため、そこでは暫くの間、亥の子石の行事が禁止されたとの事である。

その子供たちは、こんな歌を歌っていたそうだ。

「コックリサン　コックリサン」

福岡県、犬鳴分校での出来事である。

# 奇妙なライダー

鬼志　仁

高校生の時、同級生だった川原君から教えてもらった話。

川原君が中学校の時、西野という三十歳ぐらいの男の先生が担任になった。他県から移って来たという。

西野先生の担当は理科で、川原君が部長をしていた科学部の新しい顧問となったので、接する機会が多かった。

先生の趣味は四〇〇ccのバイクでのツーリング。この辺でツーリングするのに面白いところはないかと訊かれ、川原君はすぐに犬鳴トンネルや犬鳴村と、それらに纏《まつ》わる怪談を教えた。その頃は旧犬鳴トンネルがまだ通れた。

「次の日、先生が『昨日、学校が終わってから犬鳴トンネルまで飛ばしてきた』と言うんだ。バイクならあっという間だろうけど、暴走族がたむろしているようなところに、暗くなってからよく行くなって、呆れたよ」

その後——川原君は西野先生のある変化に気づいた。先生が犬鳴のことを話す時、『いぬなき』ではなく、『いんなき』と言うようになったのだ。『いんなき』は土地の者でも年配の人しか使わないのだが……。

数か月後、川原君が部活を終えると、西野先生から声を掛けられた。

「お前の言っていた、犬鳴村の伝説、本当だったんだな」

先生は一枚の写真を見せた。夜に犬鳴トンネルの入り口の傍の藪《やぶ》を、ストロボを焚いて撮った写真で、藪の先の方に白い看板のようなものが写っていた。

「その白い看板の部分を引き延ばしたのがこれだ」

渡された写真には、『この先、日本国憲法は通用せず』と書かれた錆びだらけの看板が写っていた。写真の日付は最近で、××年五月二十九日とあった。

川原君が驚いていると、先生はニヤッとして、「日付をよく見ろよ」と言ってミニアルバムのあるページを開いて見せた。

藪の同じ場所を同時刻ごろに撮った写真で、左側の写真の日付は同年五月九日、右は五月十日。九日の写真には看板はないが、十日の写真には看板が写っていた。誰かのイタズラだったのだ。

「よくできた看板だったけどな」

西野先生はククク っと奇妙な声で笑いだした。だが、川原君は笑えなかった――。

「アルバムを捲っていくと、同じ藪を同時刻頃、毎日撮っていたんだ。先生、毎日犬鳴トンネルに通っていたんだよ、あの場所に憑かれたみたいにね」

実は当時、犬鳴トンネルに集っていた暴走族の間で、あるライダーが話題になっていた。そのライダーは夜な夜な現れては、暴走族に取り囲まれて、脅されたり蹴られたりしたが、全く無反応で、気味悪がられたという。あくまでも噂だが。

# 福岡トンネル

緒音　百

福岡在住の和田さんが大阪旅行へ出発した朝のこと。

和田さんは鉄道旅行が好きだ。いつも始発の新幹線に乗っては、車窓をながれる景色を見ながら朝食をとるのが恒例だという。

この日の乗客は少なく、車両には和田さんひとりだけだった。

静かでラッキー、と喜びながら窓際の指定席に座った。

新幹線が博多駅を出てしばらくすると最初のトンネルに入る。博多〜新大阪駅間をむすぶ山陽新幹線はその半分以上がトンネル区間だ。

和田さんは駅で買っておいたコーヒーのカップの蓋を外し、一口飲んで、また蓋を戻した。トンネルを過ぎて山間の景色が広がったのも束の間で、車窓はふたたび暗闇に遮られた。二つ目のトンネルの『福岡トンネル』は距離が長く、通過時間はゆうに一分を超える。

ゴトン、と車両全体が揺れた。

その拍子にテーブルに置いていた携帯電話が足下へ滑り落ちていった。すぐさま拾おうと和田さんは身をかがめ——顔をしかめた。座席の下に、こんもりと砂が盛られている。

——いやだ。なに、これ。

和田さんは携帯電話を拾って座席に戻った。すると今度は自分の靴が薄汚れているのが目に留まった。砂が付着している。和田さんはみるみる気分が盛り下がっていくのがわかった。おそらく誰かが砂をこぼしたまま、清掃されていないのだ。

——ここで朝食を食べるつもりなのに。気分が悪いな。

ゴトン、とまた車両が揺れた。普段はこんなに揺れないのにどうしたんだろう。乗り慣れたはずの新幹線が、いつになく居心地悪く感じられた。

悶々としているうちにトンネルを抜け、車窓から朝日が差し込んだ。和田さんは気を取り直そうと思った。たかが砂ごときで苛々《いらいら》してしまってはせっかくの旅行が台無しである。和田さんがコーヒーに手を伸ばしてカップの蓋を外すと、ぱらぱらっと砂がこぼれ落ちた。

ぞっとして蓋をひっくり返してみると、内側にびっしりと砂がこびりついている。砂の浮いたコーヒーを目の前に、和田さんは鳥肌が止まらなかった。

犬鳴山の真下を通る福岡トンネルでは、時折奇妙な出来事が起きるのだそうだ。

# 噂

緒音　百

友子さんの叔父さんが二十代の頃。叔父は毎日犬鳴峠を越えて通勤していた。

地元ではすでに犬鳴にまつわる数多の噂が出回っており、夜になると若者がこぞって肝試しに訪れていた。ときには大勢で集まって騒ぎたてるので、叔父は見かけるたびに苦々しく思っていた。

悪戯も多かった。たとえば『女の霊が出る』という噂があった電話ボックスには、いつのまにか人影の落書きが描かれていた。昼間なら一目瞭然だが、夜に通りがかると女の霊に見えなくもない。

「そういう悪戯がまた噂を呼ぶんだよな」と叔父は渋い表情で言った。

さらには日本人形、鏡、マネキンの頭部等々……驚かせるための悪戯が其処彼処に散見された。悪戯に驚いたドライバーが運転を誤り、事故を起こしたとも聞いた。それでも肝試しの客が減る様子はなかった。

「街でナンパした女の子を連れて肝試しをするというのが、一部の若者にウケていたらしくてね」

気に入らない女性は山中に置き去りにして帰るという、幽霊よりも恐ろしい噂もあった。

ある夜、叔父がいつものように犬鳴峠を車で走っているとヘッドライトに人影が浮かび上がった。暗い山道を誰かが歩いている。若い女性だ。

こんな夜中に一人だなんて……。まさか、と叔父は思った。

噂は本当だったのか。叔父の胸に、憤りと憐れみの気持ちがわきあがった。

車から降りて「大丈夫ですか?」と声を掛けると、相手は立ち止まって振り返った。

「△○・%☆○～¥～！」

突然鳴り響いた甲高《かんだか》い音に、叔父はぎょっとした。それが相手の口から発されていることに気がついて、またしても驚いた。複雑怪奇な声は不安定に高くなったり低くなったりしながら、息継ぎもなく二重にも三重にも聞こえつづける。

やがてハッとした叔父は慌てて車に乗り込んだ。同情心はとっくに掻き消え、逃げたい一心だった。豹変した相手が猛スピードで追ってくる――ということもなく、叔父は無事に家まで辿り着いた。

翌日、叔父は仕事仲間に昨夜の出来事を話した。しかし、たしかに見たはずなのに相手の顔が思い出せない。それどころか服装や背格好すらもまったく記憶に残っていない。なぜ自分は若い女性だと思ったのだろうか。思い出そうとすればするほど、毒々しく歪んだ声だけが耳の奥から聞こえてくる。三十年余経った今でもこびりついて離れないのだという。

# そこにいたもの

おがぴー

町会長の登坂は副会長の望月と共に犬鳴ダムを訪れていた。その年の老人クラブの盛夏ピクニックの目的地だったからだ。

ダム見学からピクニック広場までの行程をすんなりと確認し終えた時である。

「登坂さん、お城とか好きだったでしょ？　犬鳴御別館《ごべっかん》を見に行きましょうよ」

それは館と言いながら石垣がある。幕末の混乱期に有事の逃げ城として設計された異色の存在だった。

「今は石垣くらいしか残ってないけど、春だったら桜が綺麗だよ」

役所勤めだった望月は、ダムの建設にも携わっていた。それでこの辺りにも詳しかったのだ。時間もあったので登坂は望月と共に犬鳴御別館にハイキングと洒落《しゃれ》込んだ。

「景色が良いねぇ」

周りを山に囲まれた天然の要衝《ようしょう》は、混迷の時代に翻弄され今に至るが、その景色は素晴らしかった。

（ここをメイン会場にするのも良いかなぁ）

登坂が思案していると、隣で館の成り立ちを話してくれていた望月の声が止まった。

何かあったのかと振り返ると、望月は険しい表情で石垣を見ている。

「登坂さん、ここから離れよう」

何かあったのか聞くよりも早く、望月は登坂の腕を取ると急ぎ足で車へと戻った。

「一体どうしたの？」

車内で息を整えてから登坂が望月に問うと、

「さっきの石垣にさ。たくさんの人がいたんだ」

それは手足が細く腹が出ていてボロ切れを纏《まと》っていた。まるで法話で聞く餓鬼《がき》のようだったという。しかし登坂が振り返った時にそんなグループは見なかった。

「いるはずないじゃない？　そんなのさ……！」

子供の頃、そういうのに憑かれると気がふれるから、もし見たら逃げるか経文を唱えろと祖母に言われたんだと話す望月の声は震えていた。その時である。

〝ゆら〜〟

フロントガラス越しに見えている駐車場のトイレから、真っ白い何かが出てきた。

「なんだ？　あれ？」

「……ミイラ？」

登坂の声に反応して望月も正面を凝視する。二人の目に映った異形は、全身にトイレットペーパーを巻いた人だった。

〝ゆらゆら〜！〟

それは左右に蹌踉《よろ》けながらも結構な速さで登坂達の車までやって来て、ボンネットに

乗っかると、

〝バンバンバン！〟

フロントガラスを無言で叩き始めた。車を出せず、注意するのも怖かった二人は直《ただ》ちに一一〇番をした。

そして呆気なく取り押さえられるまで、それは窓を叩き続けたのである。

後日、登坂に謝りに来たのは真面目そうな二十代の若者だった。ダム見学に来ていた彼は、トイレで用を足した後の記憶がないのだと語った。

# まっくろ

高倉　樹

三浦さんにとっての「犬鳴村」とは、人騒がせな噂だった。

当時の三浦さんは、すでにダムを職場にして十年。そんな三浦さんでも「犬鳴村」なんて話は聞いたこともなかったし、まして見たこともなかった。けれど呆れている間にも、肝試しの若者はやってきて、道やダムの周りを荒らしていく。

それで、三浦さんたちは根こそぎ片付けることにした。怪しい看板に覚えはないが、確かに道の周りには不法投棄された家電や資材がある。

ところが、それ以後だ。

黒い人を見た、と言うダム職員が、立て続けに現れた。

何しろ山奥のことだから、雰囲気はある。だが、怪しげなものを見た、という職員が出たのは初めてのことだった。

三浦さんは、職員たちを叱った。今まで、そんな話はずっとなかった。ここに来て騒ぐのは、例の噂話に影響されてるからに違いないと。

だからその夜も、三浦さんは身構えてなどいなかった。夜勤に向かう道すがら、いつも通りトンネルを抜け、いつも通り管理地に入り、車を走らせ続けていた。

その最中、夜道に飛び出してくる人影を見て、とっさにブレーキを踏んだ。顔をあげれば、車のすぐ前、ヘッドライトの光に照らされて、黒っぽい人間が立っている。

また肝試しの若者だろうと、三浦さんは思ったのだという。驚いたぶんだけ腹がたった。それで、車を降りた。叱りつけてやるつもりで、おい、と声をかけた。

こちらを向いた顔は、まっくろだった。目も鼻も口もない。まっくろでのっぺりとしていた。

ぎょっとした三浦さんが立ちすくみ、まばたいた間に、その男はかき消えていた。

見下ろせば、道端から点々と続いてきた黒い足跡が、行くことも帰ることもせず、ぷっつりとそこで度切れていた。乾いたアスファルトの真ん中に、素足の跡がひと揃い。

それを確かめただけで十分だった。三浦さんは車に飛び込み、管理事務所までの残りの道を飛ばした。とてもではないが、あれ以上あの場所に留まって、じっくり調べることなどできなかったという。

翌朝、明るくなってから、三浦さんは職員仲間と現場に戻った。道の脇をあらためると、石を組んで均《なら》した基礎があった。

塚だったのか社だったのか、まして何を祀っていたものか、ダムの誰にも分からなかったが、ともあれ何もしないで放っておく気にはなれなかった。

そこで、清めて供え物をした。

効果のほどは分からない。ただ、少なくとも三浦さんは、二度と「まっくろ」に遭うことはなかったという。

# 犬鳴の住人

月の砂漠

「はっきり言ってね、私らみんな迷惑してるんですよ。あいつら、車やバイクで押し掛けて来て、夜中に騒いで。おまけに、空き缶やら煙草の吸殻やら、そこらに捨てっぱなしだ」

そう言って憤《いきどお》るのは、犬鳴の住民であるSさんである。Sさんは六十をいくつか過ぎているが、見た目も声も若々しい。

Sさんは、近頃、犬鳴方面に肝だめしで来る若者が増えていることに、腹を立てていた。

「犬鳴が恐怖スポットだなんて、冗談じゃありませんよ。こっちは先祖代々、犬鳴で暮らしているんだ。この前、犬鳴村はどこですか?　と聞いて来た奴がいてね。何ですか、犬鳴村って。そんな地名はありませんよ。ここは宮若市犬鳴でしょうが」

Sさんの口から、不満が溢れて止まらない。

「先日は、近所の家の窓が割られる事件もあってね、さすがに放っておけないなと。それで、昔からの仲間たちと自警団を結成して、この近辺をパトロールすることにしたんですよ」

パトロールを始めてすぐのことだった。

犬鳴ダムの近くでたむろしている、不良グループを発見した。彼らは路上に車座になって、スナック菓子を食べ散らかしていた。

「私ら、ちょっとストレスも溜まっていたんでね。こういうふざけた連中には、少々手荒なことをしてでも、わからせてやろうという気持ちになっていたね」

Sさんと仲間たちは、若い頃の一時期、かなりの荒くれ者だったという。

Sさんたちは、木刀やバットなどをそれぞれ手に持って、その不良グループの背後から静かに迫った。

「何でも、犬鳴村の住民は、鎌《かま》や斧《おの》で侵入者を襲うそうじゃないですか。馬鹿馬鹿しい話ですが、その話のとおりにしてやろうという、一種の遊び心ですよ」

不良グループは、武器を持ったSさんたちの姿に気付くと、悲鳴を上げんばかりに驚いて、転げるように逃げて行った。

Sさんは大いに溜飲《りゅういん》を下げたという。

数日後。地元の旧知の警官が、Sさんのもとを訪れた。

「あの不良ども、情けないことに、交番に駆け込んだらしいですよ。犬鳴村の村人に襲われたと叫んでね。私が警官に事情を話すと、警官も愉快そうに笑っていましたよ」

ただ、一つだけ不思議なことがあると、Sさんは首を傾げる。

「あの不良連中、村人の大群に襲われた、と言っているそうなんですよ。あの時、私らは三人しか居なかったんですけどね。あいつらの目には、何が見えていたんでしょうね……」

# 嫌な音

月の砂漠

福岡で生まれ育ったSさんは、大学生の頃、悪友たちと新犬鳴トンネルを訪れたという。

「もう三十年くらい前になりますか。その頃から犬鳴は地元では有名でしたから、軽い気持ちで、肝だめしに出掛けたんです」

Sさんの運転で夜の福岡県道二十一号線を走る。

やがて目的地が見えて来た。

「当時、新犬鳴トンネルの入口のすぐそばに、電話ボックスがあったんですよ。そこに、女の幽霊が出ると、もっぱらの噂でした」

みんなで順々に、その電話ボックスから電話を掛けてみよう、という話になった。Sさんは、恋人の自宅の番号をプッシュした。

「トゥルルル、トゥルルル、というコール音が、やたら遠くに聞こえました。彼女は福岡市内のアパートに住んでいたので、犬鳴からたいして離れていないはずなのに」

恋人は電話に出なかった。

受話器を置いて、もう一度掛け直してみたが、やはり、応答はなかった。

「普段なら彼女は家にいる時間です。どうして今日に限って留守なんだろうと気になりました。自分がこんな場所にいることもあって、胸騒ぎがしてしまったんです」

友人たちは、さらに犬鳴ダムまで足を延ばそうと言ったが、Sさんは帰宅を主張した。一刻も早く、恋人のもとに行きたかったのだ。

その帰路でのこと。

Sさんが車を走らせていると、突然、目の前のトラックが急停車したという。

「間一髪でした。本当にギリギリのところで追突を免《まぬが》れたんです。あと少しブレーキを踏むのが遅れていたら、大惨事になっていたと思います。みんな、犬鳴の祟りだと言って震えていました」

福岡市内に戻ると、Sさんは恋人のもとへ急いだ。幸い、恋人はいつもどおりに出迎えてくれて、Sさんは胸をなでおろした。

Sさんは恋人に、先程の電話に出なかったわけを尋ねた。

「出た、と彼女は言うんです。確かに電話があって、それに出たと。でも、嫌な音がしたから、イタズラだと思って切ってしまったと」

Sさんは、その嫌な音について、さらに詳しく尋ねた。

「ドーンという衝突音と、メラメラという炎の音が聞こえたと言うんです。それに、男がうめき声で、助けて、と言っているようにも聞こえたと」

Sさんは、それ以上、何も尋ねなかった。

その恋人は今、Sさんの妻になっているが、あの日、事故に遭いかけたことは、いまだに言っていないという。

# 先客

月の砂漠

宮若市側から旧犬鳴トンネルへと向かう道は、現在は鉄柵で固く封鎖されており、立ち入ることが出来ない。

「でも、僕が大学生の時は、今ほど厳重に管理されていなくて、こっそり入れたんですよ」

そう言うのは、九州に住む四十代のKさんだ。Kさんは大学生の頃、心霊サークルに入会し、仲間たちと、あちこちの心霊スポットを巡っていたという。

「期待外れの場所も多かったんですが、旧犬鳴トンネルは違った。あそこは、やっぱり本物だと思いますよ」

Kさんは少し顔を強張《こわば》らせて、本題に入った。

その日、Kさん一行は、真夜中の旧犬鳴トンネルを目指していた。車を適当な所で停め、狭くて暗い町道を徒歩で進んだ。

もう少しで着くという時、トンネルの方から、Kさんたちと同世代のカップルが歩いて来た。

自分たちと同じ目的の先客だろうと思い、Kさんは、軽い挨拶のつもりで声を掛けた。

「ところが、彼らは驚いたような表情を浮かべて、足早に去ってしまったんです。さては、僕らのことを幽霊とでも間違えたのかな、臆病な連中だなと、仲間うちで笑いました」

やがて、旧犬鳴トンネルに到着した。

トンネルの入口は、ブロックで半分以上ふさがれており、中に入ることは出来なかった。隙間からトンネルの内部を覗いてみた。剥き出しの岩肌が薄気味悪さを醸し出している。天井からしたたる水滴の音は、人間の足音のように聞こえたという。

「怖いと言えば怖いです。でも、身の毛もよだつ程の恐怖感があったかと言えば、そこまでは別に、という印象でした。ただ、問題は、その後だったんです」

Kさんたちが、そろそろ帰ろうかと話していると、県道の方から、今度は中年のカップルが歩いて来た。

男の方が、手を振りながら、Kさんに挨拶の言葉を掛けてきた。

「肝だめし客が多い場所だなと苦笑しました。私は挨拶を返そうとして、彼らに近付きました」

彼らの顔がはっきりと見えた瞬間、Kさんはあることに気が付き、背筋に冷たいものが走ったという。

「そのカップルと、行きに会ったカップル。顔も声も、まったく同じだったんですよ」

Kさんたちは逃げるように車まで戻った。

車に乗って、真っ先にミラーで自分たちの顔を確認したが、そこには、いつもと同じ顔が映っていて、胸を撫で下ろしたという。

# 地図アプリ

菊池菊千代

東京出身の健太さんは、大阪より西に行ったことがない。

しかし〈コノ先、日本国憲法通用セズ〉という看板は目にしたことがあるという。

「仕事で精神疾患になってしまって……休暇をいただいた頃でした」

気晴らしにドライブに行く計画を立てた。

地図アプリでルートを調べていると、直前にテレビで見た映画特集を思い出した。

「〈ダムに沈んだはずの村が――〉みたいに、犬鳴村が紹介されていて……」

検索してみると驚いた。

「ダムではなく……はっきりとした集落が表示されました」

一本の道を軸に、小屋らしき建物が左右にいくつか並んでいる。

道に誰かいる。

拡大してみた。

「白いシャツを着た女性が、上を向いて立っていました」

目が合った気がした。

「ご存知の通り、地図アプリは衛星〈画像〉なのですが……」

手を振られたという。

思わずスマホを落としてしまった。

しばらくして拾うと、アプリはダムの画像を写していた。

「むやみに調べたりするもんじゃないですね」


数日後、予定通りドライブへ向かった。

場所は鎌倉の港町。

「気分が上がることなんてしばらくなかったのですが……」

高揚している自分に安堵した。

トンネルで前を行く白いセダンのナンバープレートに〈福岡〉の文字を見かけて、先のことを思い出した。しかし、出口を抜けると目前に広がるという海景色を想像すると気持ちが昂った。

トンネルが終わる。

絶句した。

海ではなかった。

一本の道を軸に、左右に小屋が並んでいる。

「何が起こったのか分かりませんでした」

驚いて、車を寄せる。

横に立つ看板に〈コノ先、日本国憲法通用セズ〉の文字。

振り返ると通ってきたものとは明らかに別の、古めかしいトンネルが口を開けている。

他の並走していた車は消えていた。

「前を走っていたセダンだけ……少し先の砂利に停まっていました」

中から白いシャツの女性が出てきた。

見覚えがある。

微笑みながら、こちらに手を振っている。

「慌てて引き返しました」

不気味なトンネルを抜けると瞬間的に元来た道に戻ったが、ドライブを続ける気持ちには戻れなかったという。

「逃げた理由は女性に対する恐怖から、だけではありませんでした」

自然に溢れた村の情景を見て、感動してしまったらしい。

「田舎暮らしへの憧れは、昔からあったのですが……」

気持ちを振り解くように、帰路についたと健太さんは言う。

# 祟られ

坂本光陽

二十代の頃、悪友五人と一緒に、立入禁止の心霊スポットに行ったことがあるんだ。我ながら怖いもの知らずで、底なしのバカだったと思う。

行ったのは、心霊スポットで有名な旧犬鳴トンネル。車二台に三人ずつ分乗して、遊び半分で訪れたのだから、本当におめでたい。帰り道に事故にあったのは、たぶん罰が当たったんだろう。

曲がりくねった道を走行中、後続車のヘッドライトが消えたんだ。大きな音が聞こえたので、事故を起こしたとわかった。Uターンをして戻ったら、ボンネットのひしゃげた車がガードレールを突き破っていた。

大声で呼びかけたが、中から返答はない。幸い、火が出ていなかった。俺たちは一一九番に連絡して、救助に当たった。ドアが開かないので、トランクにあったハンマーでウィンドウを叩き割り、そこから三人を助け出した。

助手席と後部座席にいた者は骨折をしていたが、命に別状はなさそうだ。運転手だけは意識がなかった。呼吸をしていないことに気づいて、俺は心臓マッサージを試みた。

昔、ボーイスカウトにいたので一応の知識はある。仰向けになった運転手の胸に両手を押しあてて、全体重でプッシュするんだ。

嫌な感触とともに、ボキボキボキッという音が上がった。事故でダメージを受けていた肋骨が折れてしまったんだ。胸がクレーターのようにボッコリ陥没していた。

俺は真っ青になったよ。それ以上どうすることもできず、その後、到着した救急隊員が彼の死亡を確認した。


後でわかったのだが、運転手はシートベルトをしておらず、頭部をフロントガラスに強打したらしい。それが直接の死因なので、俺が殺したわけじゃない。

肋骨を折った時の感触は忘れられないな。きっと、死ぬまで忘れられないだろう。

調べてみたら俺たち以外にも、旧犬鳴トンネルからの帰り道に事故が起きていた。電信柱に激突したり、トラックと正面衝突をしたり、多くの死傷者が出ていた。

やはり、崇られたのかもな。それ以来、悪いことが起こると、旧犬鳴トンネルの崇りじゃないか、と考えてしまうんだ。

＊

以上が、Ｏ氏から聞いた話である。彼が転職するまで、半年ほど一緒の職場で働いた。陽気でいい奴だった。だから、山間部をドライブ中に落石事故にあったのは、つくづく残念だ。三十代の若すぎる死だった。

通夜の席で聞いたのだが、Ｏ氏の胸はボッコリ陥没していたらしい。

# 犬鳴トンネルの写真

坂本光陽

テレビ番組制作会社でＡＤをしていた頃の話である。

ゴールデンタイムに心霊特集番組をオンエアするため、インパクトのある心霊写真が求められていた。ＨＰで募集をかけるだけでなく、自称霊能者の方々にも依頼していた。Ｇ氏は自分のサイトで心霊写真をアップしていたので、怖い心霊写真を探している旨を電話で伝えると、

「じゃあ、犬鳴トンネルで撮ってくるよ。前から行こうと思っていたしね」とのこと。

殺人事件があったり幽霊が目撃されたりして、犬鳴トンネルは当時、最も有名な心霊スポットだった。

翌週、Ｇ氏から写真が届いた。Ｇ氏は電話越しに興奮していた。

「すごいのが撮れたよ。光っているのは、正真正銘の霊体だ。こんなの初めてだろ」

確かに、飛び交う光の球が写っていた。人魂に見えなくもない。ただ、これだけではインパクトに欠ける。番組的には、不気味な顔なり幽霊の姿なり、背筋の凍るものが写っていてほしいのだ。先輩に見てもらったのだが、同じ意見だった。

その旨をG氏に伝えると、もう一度チャンスが欲しいという。翌週、再び写真が送られてきた。残念ながら、写真の出来は大して変わらなかった。

「どうしてだよ。こんなに怖いのに」と、G氏は納得しない。そのうち、「どんな写真が欲しいのか、あんたが撮ってみろよ」と感情的になった。

G氏は口調が一変していた。内に秘めていた性格が表に出たのかもしれない。まさか、犬鳴トンネルで悪いものに憑かれたのか。

いくら言っても埒《らち》が明かないので、G氏には二度と電話をしなかった。向こうから連絡がきても、無視を決め込んで相手にしなかった。

しばらくして、先輩から説教を受けた。G氏が制作会社を飛び越えて、直接テレビ局に連絡して、僕に侮辱されたと文句を並べ立てたらしい。おかげで、僕は現場から外されることになった。

事はそれだけで収まらなかった。G氏がナイフを手に、制作会社にのり込んできたのだ。フロアが大騒ぎになったが、怪我人はなかったし、G氏は無事逮捕された。僕は不在だったが、その場にいたら、間違いなく襲われていただろう。

制作会社が懇意にしている霊能者は、G氏の撮った心霊写真を見て、「これは相当やばいよ。撮影者は刃傷沙汰を起こす前にお祓いを受けるべきだったね」と言った。

やはり、G氏は犬鳴トンネルで、悪いものに憑かれたのかもしれない。

# 水　　ムーンハイツ

二〇〇二年の夏、福岡。

深夜二時頃、女性Tさんは男友達のA君、彼の女友達で初対面のBちゃんとドライブに出かけた。運転するA君と助手席のBちゃんは付き合いが長いらしく、ふたりの漫才のような会話をTさんは後部座席で楽しんでいた。しかしそれも束の間、目的のないドライブのはずが、気がつけば旧犬鳴トンネルに連れてこられていた。


「よし、到着ぅ。歩いて見に行くぞ」

「あんた馬鹿やないと。わたし降りんけん」

Bちゃんは尖り声をA君にぶつけた。

Tさんは男性と居るほうが安心だと思い、Bちゃんを残してA君と一緒に車外に出た。

停車場所から十メートルほど歩き、トンネルの前に立ち尽くす。入口は、何段にも積まれた四角いブロックで塞がれていた。山中のひんやりした空気と周囲に生い茂る草木が、トンネルの不気味さを増幅させる。

「すっげぇ。ばり幽霊出そうやん」

「早く戻ろうよぅ」

怖気《おじけ》づいたTさんが、興奮気味のA君の腕をぐいと引っ張った時。

音が、聞こえてきた。

かつ……かつ……。

「何《なん》、この音……」

怯えながらA君に問うと、彼は自分の口元に人差し指を立て（静かにしろ）と合図してきた。ブロック付近で固唾《かたず》を呑んで耳をそばだて、音の在り処と正体を探る。

……かつ……かつ……かつ……かつ。

ヒールを履いた女が、歩く音だった。

トンネル内部から響き、入口側のTさんらに向かってゆっくりと近づいてくる。

そして、音はブロックのすぐ向こう側でピタリと止んだ。

「今だッ。車まで走れ」

声を上げて走り出したA君を、Tさんは必死で追いかけた。彼が運転席に、Tさんが後部座席に乗り込んだ後、震えながら「早く出して」と彼を急《せ》かした。だが彼は、驚いた様子で助手席のBちゃんを見ている。Bちゃんは、うずくまってボソボソと何か呟いていた。

「ど、どうしたとやッ」

A君がBちゃんの肩を掴んで揺さぶると、彼女は腰を曲げたまま叫び始めた。


「水！　水！　水を飲ませろおおおおお」


別人のような大声を発する彼女を目の前にし、Tさんは訳がわからなくなった。早く逃げたい。家に帰りたい。堪らず、涙が溢れてくる。

「こっから離れるぞ」

慌てながら、A君が車を発進させた。

Tさんは帰り道の記憶が飛んでいるが、トンネルから離れるにつれてBちゃんの奇声は小さくなったこと、自宅に送ってもらった時にBちゃんは眠っていたことだけ憶えている。

その日以降もA君と時々遊んだが、Bちゃんの話題が出ることはなかった。

# 何が見える？

天堂朱雀

田村は真面目な奴だった。いつもコツコツ努力するタイプで、公務員試験にも無事合格し、晴れて市職員になることもできた。「将来、安泰だな」と笑って別れた数ヵ月後、飲み会で会った田村のその明るさには少しの陰りが見えた。

「犬鳴にさ、輩《やから》がたむろして困ってるんだよ」

あぁ、犬鳴――。

情報に敏感でない俺でも「犬鳴が有名な心霊スポット」であることは聞いたことがあった。

「夜中に暴走とかしたりするのか？」

「それもあるけど、落書きだったり、花火だったり、不法投棄だったり、色々さ。それでどうにかしてくれって近隣住民から役所に苦情が頻繁に来るんだよ」

溜め息混じりに、田村がカランとグラスを鳴らす。

「だから俺、夜に見張りこんで追い返してやろうと思ってさ」

「え⁉　危なくないか？」

心配して思わず甲高《かんだか》い声を出した俺を余所《よそ》に、田村はハハッと豪快に明るく笑い、残った酒を飲み干しながら言った。

「大丈夫、布を被って呻《うめ》き声あげるくらいだよ！　それで苦情が減るなら御の字さ」

それから数ヵ月後。

高校の同窓会に仕事で少し遅れて参加した俺は、部屋の一角に盛り上がりとは違う、異様なざわつきで囲われた場がある空気を感じた。

「どしたの？　何かあった？」

「あ、園川くん！　あれ……」

　同級生が指差した輪の中心には、スマホを持って何かを必死で訴え回っている田村の姿があった。しかし、その姿は風呂にちゃんと入れていないのか全身は泥がついたように薄汚れ、表情の陰りは減るどころか増えたように感じた。

　俺はそこにスッと割って入ると田村の服の袖を掴み、そっと輪から外して人気《ひとけ》の無い廊下へと連れて出た。

「お前、大丈夫か？」

　背を擦るように声をかけると、田村は意にも介さずパァッと顔を明るくして答えた。

「大丈夫も何も、昨日も輩を追っ払ったんだよ！　それを説明してるのに、みんな何か反応悪くてさ！　見てくれ、これ！　野良犬も捕まえて一緒に張り込みしたんだよ！」

そう言って田村が見せてきたスマホの自撮り写真には、トンネルの前で満面の笑みを浮かべ、犬もついてない空のリードを握り締めてピースしている姿が写っていた。

# 先が見たい

天堂朱雀

「落書きは俺にとって芸術で、完成品は勲章だ！」

Ｂは会う度にいつもそんなことを声高に主張する奴だった。

その日も色々聞かされるんだろうなと溜め息混じりに待っていると、遠目からでも分かる怒り具合で乱暴に肩を揺らしながら、Ｂは鼻息荒く僕の所に歩いて来た。

「どうした？　そんな怒って」

「それが聞いてくれよ！　俺がこの前、犬鳴トンネルに描いた落書き、全部消されてたんだぜ⁉︎」

Ｂはそれらの作品が余程の自信作だったらしく、唇を噛み締めながら「〝参上〟の文字が綺麗に描けてた」やら「スプレー二缶でグラデーションが出せてた」やら、出来栄えの解説をし始めた。

「へぇ」「ほぉ」と適当な相槌を打って聞いていたが、僕が何よりも気になったのはBの作品解説ではなく、そのBの横にいる手足だけが見えている犬らしき動物の姿であった。

Bも周囲も一切そっちを見向きもしないので、その異様なものは僕だけにしか見えていないことが分かる。何もない空間から涎《よだれ》らしきものがポタ、ポタと垂れ落ちているのが何とも言えなかった。

「あのさ、その落書きはやめといた方が良いかも……」

「はっ⁉　なんで⁉」

そんな制止で止まるはずがないのは分かっていたが、Bの熱量は思った以上に熱い。

「あれ消した奴、許さねぇ！　もっと凄《すげ》ぇことしてやる！」

数日後、Bから送られてきたメールには、清掃されて消されたはずの犬鳴トンネルのブロック塀に、再度派手なスプレーで文字やら絵やらを描いて揚々と写った自撮り画像が貼り付けられていた。

カメラ越しでも、あの見えない犬はちゃんといた。

ただ、前と少し違っていたのは、手足しか見えなかった姿が、口まで見える犬の姿になっていたことだ。

この犬が完成したらBはどうなってしまうんだろう——。

僕はもうBを止めることをやめた。

# 「目的地」の女

キンブルヤスオ

今から二十年以上前、大学生時代に友人と犬鳴トンネルへ肝試しに行った時の話だ。

「このトンネルには昔、女の子が連れてこられて、火をつけて殺されたって噂があるんだぜ」

「マジかよ……」

実際にそのような事件があったが、その被害者は少年である。女の子の話は噂にすぎなかったが、友人は事件のことを知らないのか本気でビビっていた。

トンネルの中間辺りに差し掛かると、壁に黒く焼け焦げた跡がついている部分があった。

「ここだよ、多分。ここで焼かれて殺されたんだ」

「うわぁ～何かこの焦げ跡、人の形をしてるよ。ヤバいよ、ここ」

トンネル内では何も起きなかったが、トンネルを出てすぐの道路脇に、白いワンピースを着た女が立っているのが見えた。

「こんな時間にどうしたの？　大丈夫？」

「……」

女は無言で立っていた。

「よかったら送っていこうか？」

そう言うと女は無言でうなずき、後部座席に乗り込んできた。バックミラーで女の顔をみると自分達と同じ位の年齢だったが、髪はボサボサで白いワンピースも少し黒ずんでおり不気味だった。

「あそこで何してたの？」

女は質問に対してうつむいたまま無言だったが、やがてか細い声でゆっくりと話し始めた。

「彼とあのトンネルで喧嘩してしまって。すみませんが○○町の○○番地まで送ってもらえますか？」

「いいよ。それにしても酷い彼氏だね……」

車を停車させカーナビに彼女から教えられた目的地を入力した。

二十分位車を走らせると「目的地に着きました。音声案内を終了します」とカーナビが到着を知らせた。しかしその到着場所を見て驚いた。そこは何と墓地だったのだ。

「着いたけど本当にこの場所でいいの？」

そう言ってバックミラーで後部座席を確認すると……そこには女の姿はなかった。友人と車内で唖然としていたのを覚えている。

ただの噂、作り話のはずだった。でも、もしかしたら……。

表沙汰になっていないもっと恐ろしい事件があったのかもしれない。

# トンネルにて

アスカ

Aさんが旧犬鳴トンネルを訪れた時の話だ。

新トンネル脇の細い道を通って行く。舗装はされてはいるが所々に陥没箇所が見られ、時の流れを感じたという。

秋晴れの青い空が広がり心地よい風が体を撫でた。

自然と足取りも軽くなりハイキング気分で十分程歩くと旧トンネルの姿が現れた。

人が立ち入らないように入り口にはコンクリートのブロックが積まれている。

こんな山の中で手掘りでトンネルを作るなんて……過酷な労働を強いられたんだろうな。

汗ばんだ額をタオルで拭うと感慨に耽ったという。

それにしても、誰一人通らない寂しい場所だなあ。

その時、雲もないのにあたりが薄暗くなってきた。風が強く吹き出す……さっき迄とは違い肌寒くさえ感じられた。

変な天気だ……Aさんはペットボトルを取り出すとリュックをおろし辺りを見渡したという。


すると、どこからか……えいほ、えいほ……と掛け声がする。

どこかで工事でもしているのか。

しかし、それらしき現場は見られなかった。


えいほ、えいほ……。

どうやら足元から聞こえている。

なんだろう……思わず屈むと耳を地面につけてみた。

えいほ、えいほ……。

さっきよりもはっきりと聞こえる……。

それだけではなかった。カーンカーンとツルハシで岩を砕く音や、ザッザッとショベルで土を崩す音も響いて来る。

はあ……はあ……。

労働者が漏らす荒い息遣いまでも……。

そのまま目を閉じると……僅かな明かりの中、狭い空間で泥にまみれて堀削作業をする人々の姿が鮮明に浮かんできたという。

途端にAさんの体に何かがのしかかってきた。

担いでいたように肩が重い……運んでいたように腰が痛む……振り下ろしていたように腕が強張る。

男、女、子供、老人らの入り交じった怒声や嬌声や悲鳴が耳の奥から涌いていた。

いったいどうしたんだ……。

そう思っているうちに体の異変は次第に弱くなり……消え去ってしまったという。

旧トンネル掘削工事については軍による秘密工事だったなど諸説あるが、糟屋町、鞍手町村の農民一体となっての過酷な作業だったとも聞く。

しかし世情の変化により、完成から二十四年余りかかって新犬鳴トンネルが開通し幹線道路となってしまった。

いつの間にか、工事に関わった者達の命がけの努力は人々の記憶から消え去った。

Aさんはあっと声を上げた……コンクリートブロックに泥にまみれた顔や腕や足が浮き出ていたという。

この者達を忘れるな……。

古びたトンネルが大きな口を開け叫んでいる様に見えた。

# 遠吠え

アスカ

心霊マニアのA子さんが恋人のB君と、犬鳴峠周辺をドライブしていた時の話だ。

夜にこれだけ走っても怪異に会えないのは……やっぱり霊感が無いのかな……。

A子さんの言葉にB君は頼りなさげに頷いたという。

それにしても……どうにかならない、この匂い……。

B君が身に着けている麝香《じゃこう》の薫り袋がどうも苦手だった……魔除けの効果があるのだという。

空き地に車を停めるとB君は眠気を覚ますからと外へ出たそうだ。

A子さんは窓から暗闇に聳《そび》える峠の森を眺めていた。すると何故か言いようもない不安に襲われてきたという。

ねえ、もう帰ろうよ……。

声をかけるが……反応がない。

再び声をかけようとすると、B君は背を向けたまま（静かに）と手で制したという。

どうしたのかと問うと、近くで犬の遠吠えがしたというのだ。

しかしA子さんには虫の鳴き声以外は聞こえなかった。

するとどんどん進んでいき……やがて深い闇の中へ消えてしまったという。


それからどのくらい経ったか……。

犬鳴きの何かに導かれたのでは……もう会えないのではないか。

思わず涙がこみ上げてきたという……ドライブになんか誘うんじゃなかった。


とにかく連絡をと携帯を取り出した時だった。

どこかで犬の遠吠えが聞こえた……すると今度はグルルと犬の唸り声が近づいてきたという。

どうしよう……車の中でA子さんはじっと闇の中を見つめていた。

やがて唸り声は消え……時間が過ぎ……もう大丈夫かと車から降りた時だった。

前方の茂みがざわつくと大きな犬の影が現れたという。

闇に紛れた黒い塊《かたまり》は人の大きさにも見えた……と、ものすごい勢いで走り出し……こっちに向かってくる……車の中に逃げようとしたが……恐怖で体が動かない。

襲われちゃう……目をつぶり覚悟を決めた時……脇をかすめて走り抜けて行ったという。

後には何故か麝香の薫りが残っていた。


A子さんは車に入ると脱力感で動けなかったという。

しばらくして、窓を叩く音で顔をあげるとB君が覗いている。

どこ行ってたの……泣きじゃくりながらドアを開けると……遠吠えを追いかけていたら道に迷ったんだ、と頭を掻いていたという。


さっきの出来事を話すと、さして気にもしない様子で、きっと大きな野犬が来たのだろうと車を走らせた。

麝香の薫りのことは言えなかったという。

その後、微妙な距離が出来てしまい二人は別れてしまったそうだ。
暫くしてA子さんはある町の噂を耳にした。
夜中になると大きな犬が現れ遠吠えを繰り返すのだという。
そこにはB君が住んでいる。

# ラジオチャンネル

雨水秀水

人づてに聞いた話である。

Kは福岡で展開している運送会社のトラック運転手をしている。新犬鳴トンネルもKが仕事で通る道の一つである。

勤務数年目で、そろそろ仕事に慣れた頃であった。

Kはいつものようにトラックを運転しながら、ラジオを聞いていた。テレビや新聞を見る時間があれば、睡眠に使いたいため、時事ニュースをラジオで補っていた。加えて、眠気防止にも効果があり、運転している時は決まってラジオを流しっぱなしにしている。

その晩は、霧が多く立ち込めていたらしい。ただ、夜明けも間近ということでKは特に気にすることもなかった。近隣は山のため、霧が立ち込めるのは日常である。

新犬鳴トンネルは全長が一キロを超えることもあって、かなり長い。

「トンネルの中腹辺りでラジオに異変が起きたんです」

突然ラジオにノイズが入り、聞こえなくなったという。しかし、電波の届きにくいトンネル内では、そう珍しい現象ではない。

「いえ、ノイズのしばらく後に別の番組が聞こえてきたんです。はたしてあれが番組だったのかは……」

Kは顔面蒼白で、震えながら言ったという。そして、これを機に、Kは運送会社を退職し、郵便局で仕事を始めた。

結局、狭い運転席で何を聞いたのか、Kはラジオの内容を教えてはくれなかった。また、ラジオの異変など前例もなく、Kの体験したことは謎のままである。

# 新犬鳴トンネル

戸神重明

　ミュージシャンとして活動している男性、中村冬水さんは以前、福岡県に住んでいた。福岡県内では宮若市と糟屋郡久山町の境にある〈犬鳴峠〉が、怪異が目撃される場所としてよく知られている。何年も前のことになるが、あるとき、中村さんの友人が、

『〈新犬鳴トンネル〉の真ん中で、車のクラクションを鳴らすと霊が集まってくる。それだけでも危険だが、そのあとに〈旧犬鳴トンネル（現在は通行不可）〉へ行くと、霊を連れてゆくことになり、物凄い数の霊が見える。実際にやった人は、少しずつ性格が変わってゆき、外に出ることを嫌がるようになって、今では完全な引きこもりになった』

　という話を聞いてきた。

　ちなみに、新犬鳴トンネルは県道二十一号線にあるので、その中央部で車を停めれば、単なる交通事故や喧嘩に巻き込まれる可能性もある。それでも、根性試しと肝試しをまとめてやってみよう、ということになり、その夜、友人たちと車二台に分乗して出発した。

中村さんが乗った車には、彼を含めて男性四人が乗っている。彼は後部座席に座っていた。全員が犬鳴峠へ行くのは初めてではない。そこで道中、それぞれが過去に犬鳴峠で体験した話や他者から聞いた噂話を語って、探検気分を盛り上げることになった。

まず車を運転していたCが、口を切った。

「クラクションさぁ、前にやったことあるんよね」

クラクションを鳴らす回数は三回と決まっている、それを以前にやったときは、車の下から手が出てきて足を掴まれたので、びっくりして逃げてきた、という。

（どうせ嘘やろうけど、盛り上がるようにしちゃろっかね）

中村さんは半信半疑ながらも、話を合わせることにした。

「それやったら、霊が覚えとんやないいん？　バリやべぇやん！」

さらに、中村さんの隣に座っていたBが憂鬱そうに顔を歪めた。

「俺、なんだか気持ち悪くなってきた。頭痛ぇ」

中村さんは、やれやれ、お決まりのパターンが来たか、と冷笑を浮かべた。

いよいよ新犬鳴トンネルの入口までやってきた。中へと進み、前を行く友人たちの車が停車し、クラクションを三回鳴らしてから、トンネルを抜けてゆく。次はこの車の番であった。中央部と思われる場所で停車し、運転手のCがクラクションを鳴らす。

その直後に、助手席にいたAが急に泣き出した。

「子供の頃に小鳥飼っとってさ、そのピーちゃんが来た……」

というのである。しかし、まだ心に余裕があった中村さんは笑いながら、

「小鳥でピーちゃんて、そのまんまな名前やん」

突っ込みを入れたが、Aは答えず、涙を流しながら何やら話し始めた。中村さんの肉眼には見えないピーちゃんが目の前にいて、会話をしているらしい。

（いっつも勇っとうくせに何かっちゃ《普段は威張ってるくせになんなんだよ》）

中村さんがAに対して意外に思っていると、今度はBが、

「ちっちぇ子供の霊が来よる！　でたんおるっちゃ《大勢いるぞ》！　窓叩いて触りよう！」

と、騒ぎ出す。

（こいつら、面倒臭《くせ》え感じになっちょうやん）

中村さんは苦笑した。

そのとき、運転手のCとバックミラー越しに視線が合った。

「やべぇ！　俺も見えるけ！」

Cまでが悲鳴に近い声を発したので、中村さんも落ち着いてはいられなくなってきた。

「もう行こうや」

Ｃに声をかけたが、そこで後方から出し抜けに、ドンドンドンドン！　バンバンバン！と車を叩く音が響いてきた。中村さんは慌てて振り向き、リアウインドウから外を見た。公道なので、他の通行車とのトラブルが起きる可能性もあるのだ。

けれども、外には誰もいなかったし、何もなかった。

これにはさすがの中村さんも声を呑んだ。Ｃが急いでエンジンを掛け、車を発進させる。同時にまた後ろから、ドン！　という音が聞こえてきた。

「うわあっ！」

全員が叫ぶ。聞こえていない者はいなかった。

しばらく走って、近くのコンビニへ辿り着くと、駐車場に車を停めて降り、その後部を確認した。リアウインドウからトランク、テールランプに至る一面に砂が付着している。しかも、それは小さな人間の手の形をしていた。

四人とも呆然としてしまう。とはいえ、まずはコンビニで買い物でもして落ち着こう、ということになった。中村さんはペットボトルに入ったお茶と弁当を買い、弁当を温めてもらう間に「すみません。あの、タオルを貸してもらいたいんですけど、いいですか？」と店員に頼んでみた。

「大丈夫ですよ。サイズはどうしましょう？　何に使いますか？」

男性店員が快く応じてくれたので、中村さんは「いや、車の窓がちょっと汚れたんですけど……」とだけ説明してタオルを借りた。車に戻ると、

「じゃあ、俺の車やけ俺がやるわ」

Cがタオルを受け取って、砂の手形を拭き取り始めた。中村さんは車内で弁当を食べ始める。空気を入れ換えようと、ドアウインドウを開け放っていた。

「何かこの砂、変やね。キチッと付いとって全然取れんばい」

Cが苦笑しながら、車内にいる中村さんを覗き込む。

と、その顔から笑みが消え、表情が見る見る強張《こわば》っていった。

「……な、中村、おまえ、顔ッ！　顔ッ！」

「何《なん》が？」

中村さんは身を乗り出し、車のバックミラーやサイドミラーに自らの顔を映してみた。

少し右目の瞼が腫れている。

「あら、目イボ（ものもらいのこと）になりかけとおばい《なりかけているな》」

だが、他の三人も中村さんの顔をまじまじと見て、

「うあっ……」「やべぇやん！」「顔ずれとおばい《ずれてるぞ》！」

と、慌てている。

中村さんの顔が縦一文字に割れて、右側が高く、左側が五センチほど低くなっている、目の大きさも右目が大きく、左目が小さい、顔色も左側はやけに青黒く見える、という。

「み、右と左で……ち、違う奴みたいに、なっとお《なってる》！」

Cが声を震わせながら言う。

「何《なん》言いよん、別に痛くねぇけ何もなっとらんちゃ」

中村さんはもう一度、車のミラーを覗いて否定したが、ふと思い当たる節があった。彼は以前にも不思議な体験をしたことがあり、そのあと同じ状態になったらしく、一緒にいた友人たちから、

「顔ずれとおよ《ずれてるよ》。左右で違う奴の顔になっとお《なってる》！」

と、言われたことが二回あった。

すぐさま顔を鏡に映してみたが、さほど左右の違いは感じられなかった。その二回は怪異が起こるとされる場所へ行ったときのことではなかった。

そして三回とも、それぞれ別のグループの友人たちから言われたことで、各グループ同士に接点はない。中村さんはこのとき、トンネルの中で車を叩かれたことよりも激しい恐怖を感じてしまい、弁当が喉を通らなくなった。

それ以来、鏡に映る自分の顔が正常であっても、他者には左右がずれて見えているのではないか？　と気になることがある。とくに、ライブの最中にその現象が起きたらどうしよう、と不安になることが今でもあるそうだ。

# 隧道事故

神沼三平太

カズヤの生まれは鹿児島県出水《いずみ》市。彼がまだ十八歳の頃に体験した話だという。

当時は日本がバブル景気に沸くよりも前のことだというから、だいぶ昔の話になる。

「そうだな。当時はまだ家庭用のゲーム機なんてものもなかったしね。そもそも田舎だったから、遊ぶとなると、仲間とバイクで遠出するくらいしかなかったんだよ」

俺らみたいなのはモテなかったしね。

カズヤはそう言って笑った。

彼は高校生最後の夏休みの想い出にと、仲間三人と福岡までの九州縦断ツーリング計画を立てた。だが軍資金も潤沢《じゅんたく》という訳ではない。バイクにシュラフや簡単な着替え等を積み、日が暮れたら途中の公園で野宿をするという、行き当たりばったりの計画である。

しかし彼らの目的は、ただ大都会福岡を見てこようというものではなかった。当時の九州では既に犬鳴峠の噂は広まっていた。耳にした話では、そこにあるトンネルは最恐のミステリースポットだという。四人は若気の至りと怖いもの見たさもあって、メインの目的地をそこに設定した。

旅の面子《めんつ》は、カズヤ、タカシ、リョウ、マサオの四人。

出水市から犬鳴峠までは、下道を飛ばしていってもおおよそ六時間かかる。

昼過ぎからバイク四台で出発し、だらだらと国道三号線を北上。福岡県に入ったところで日が暮れた。公園で一泊し、二日目の昼前には福岡に到着したが、彼らはそのまま犬鳴峠を目指した。

当時はまだ、現在の旧犬鳴隧道《ずいどう》が現役だった。バイクでトンネルを駆け抜けようとすると、中は真夏の昼間とは思えない程の冷気だった。オートバイでは外気の変化が肌に直接伝わる。トンネル内の冷気に、えも知れない恐怖感が伝わってきた。

肝を冷やした四人は、トンネルを抜けた所でバイクを降りて、インスタントカメラで記念写真を撮った。

これで目的は達成できた。再度トンネルを抜け、峠道を下って福岡の街へ戻る。遅めの昼飯にとんこつラーメンを啜り、街を散策した。

「当時の博多といえば、出水の田舎者からすれば、超のつく大都会だったからね。高校生四人からすりゃ、もうおっかなびっくりでさ。野宿してるから汗臭くてね。当然、おしゃれな店とかには入れない。そもそも金がなかった。四人ともラーメン食ってガソリン入れたらカラッケツ。でも達成感はあったんだよ」

そして彼は「でもなぁ、そこでやめときゃ良かったんだ」と、視線を下げた。

夜になったら、鹿児島に帰る前にもう一度犬鳴隧道へ行こうぜ。

仲間内の誰かが、急にそう言い出した。今となっては誰が言い出したのかは思い出せない。その言葉に、カズヤは急に不安になった。

「やめた方がいいよ。夜だろ。何がいるかわかったもんじゃねぇよ。博多のイカレてる奴らが来てたらどうすんだよ」

だが、他の仲間からは、臆病風に吹かれたと思われたようだった。

「おまえ怖いのかよ!」

「博多もんがなんだってんだよ!」

三人は聞く耳を持たなかった。こうなると、自分一人だけ先に出水を目指して帰るわけにもいかない。結局、夜中に再度、犬鳴峠を目指すことになった。

確かに真っ暗な山道では何度かヒヤッとするような場面もあったが、一度昼間に下見をしていたこともあり、トンネルにはスムーズに到着した。

カズヤは昼間と同じようにトンネルを抜け、道路脇でバイクに跨ったままタバコを吸った。そんなことをしていると、気持ちが少し落ち着いてきた。

仲間は暗いトンネルの中で蛇行運転をしたり、アクセルを吹かしたりと、何やら派手に遊ぶ音が聞こえてくる。三人とも内心の怖さを悟られないように、できるだけ勇ましい振りをしているのだ。

仲間のバイクの音が少しずつ出口に近づいてきた。その時突然、雷でも落ちたかのような、耳を擘く破裂音がトンネルの中から響いた。

驚いたカズヤはタバコを取り落とした。

「バカが！　バックファイヤーでもやったのかよ！」

思わず大声を出した。

その直後にマサオ、タカシがトンネルから飛び出してきて、カズヤを呼んだ。

「ヤべぇよ！　リョウが事故った！　一緒に来てくれ！」

トンネル内を照らすヘッドライトの灯りには転がったバイクらしきものが見えたが、様子がおかしい。

近くにリョウの姿がないのだ。

嫌な予感が胸を過った。とにかく現状を把握しなければ。更に近寄って三台のヘッドライトで周囲を照らし、バイクを降りて様子を探る。

「おぉい、何だこれ！」

叫び声がトンネルの内部で反響する。

リョウのバイクの後ろ半分は原型をとどめていない。

それよりもずっと先、福岡側の入り口にほど近いところに、頭と片脚の無い胴体が転がっていた。さらにトンネルを歩いていくと、トンネルの入り口で三人を待っているかのように、フルフェイスのヘルメットが、こちらを向いて立っていた。

仲間の身に一体何が起きたのだろう。理解を超えた光景に、三人は暫く茫然としていた。

カズヤも全身が震えていた。

だが、仲間からの信頼に応えねばの一心で、彼はバイクに跨った。

「俺が公衆電話のある所まで行って、救急と警察に連絡して来るから。お前らここで待っててくれ。車が来たらヤべぇから、バイクでトンネルの入り口を両方とも封鎖しといてくれると助かる」

そう言い残すと、バイクを飛ばして峠を下り、最寄りの公衆電話から通報を終えると、再びトンネルまで戻った。

戻ると、暗く口を開いたトンネルの入り口でしゃがんだままの二人に声を掛けた。

幸いなことに、車は一台も通っていないという。

とにかく、警察が来るまでその場を離れる訳にはいかない。

何かリョウのためにやれることはあるかと見回したが、即死だったのは一目瞭然だ。そうなると、現場の保全が最優先だろう。

先ほどまでは気がつかなかった血のにおいが、トンネル内を満たしていて気分が悪くなった。

「俺はトンネルの外で待ってたからよくわかんねぇんだけど、一体何があったんだよ」

カズヤは感情を失ったような顔の二人に声を掛けた。

「俺たちは少し離れて、スピードは全然出してなかったんだ。リョウが一番後ろを走っててさ、やたらバイクを蛇行させてたんだ。そうしたら、急に後ろででかい音がした」

あの時カズヤが聞いた破裂音は他の二人も聞いていた。

「俺らも、先を走ってたからさ、後ろのことはわからないんだ。でも振り返ったら、あいつのバイクが転がってきたからさ。あいつ事故っちまったって思ったからさ。だからお前を呼びに行ったんだよ」

事故の状況を思い出して感情が戻ってきたのか、タカシは説明をしながら子供のように泣き始めた。

掛ける言葉が見つからない。だが、タカシの説明では、事故の原因はわからない。もしもバイクが爆発したのなら、もっと大きな音が響く。炎だって上がるはずだ。何が起きたら、あんな状態になるのだろう。

考え込んでいると、しゃがんだままのマサオが呟いた。

「もしかしたら、あのヘルメットって、まだリョウの頭が入ったままなのか」

あまりにも現実味に欠けた言葉に、ヘルメットの中を確認することはできなかった。

それから三十分ほど過ぎた頃に、警察と救急車が到着した。

三人は、各々少し離れた場所で事情を聴かれた。その最中に救急隊員の悲鳴が上がった。

「首から上がありません！　頭部はヘルメットの中です！」

ああ、やっぱり。マサオの言ってた通りだ。

三人は警察署まで移動した。事情聴取の終わった時には、もう夜が明けていた。

一睡もできないまま解放された三人は、泥のように疲れ切っていた。もちろんこのままでは帰れない。

朝から営業している喫茶店に入り、モーニングを注文した。しかし何も喉を通らない。

三人は黙ったまま煙草を吸い、暫く沈黙のまま過ごした。

「今日、もうこれから帰るんだろ」

誰がそう切り出したかは覚えていない。

「そうだな。帰るんだから、腹ごしらえしないと」

三人は食パンをコーヒーで流し込み、故郷を目指した。


正直、どうやって帰ったかは、よく覚えていない。

自宅へ戻ると、すでに知らせを聞いた親は、色々と言いたげな表情を見せた。

「ごめん。小言なら落ち着いてからにしてくれ」

「カズヤ。無事に帰ってきてくれたんだな。心配してたんだ。ちゃんと休め」

父親は何も訊かず、言葉少なにそう言うだけだった。

部屋に戻ると、彼は着替えもせずにベッドに潜り込んだ。

次に起きたときには二日が過ぎていた。


さらに二日経って、リョウの通夜と告別式の連絡を受けた。

本当ならば、すぐにあいつの両親に謝りに行くべきだったかもしれない。そうは思ったが、頭も心もうまく働かずに、通夜の当日を迎えた。

三人は斎場で再会したが、三人とも表情は固く、言葉も少なかった。

リョウの両親に頭を下げると、彼の母親は、息子の顔を見ていってあげてくださいと、独り言のように言った。

カズヤは棺に眠るリョウの顔を見るのが怖かった。結局ヘルメットの下は確認せずに帰ってきてしまったのだ。だが促されて、三人で棺を囲んで覗き込むと、リョウはまるで眠っているような穏やかな顔をしていた。

「苦しそうじゃなくて良かったな」

マサオが呟いた。だがその瞬間、リョウの目が大きく開いて、じっと三人を見つめた。

リョウの視線に、三人は大声を上げた。その声に周りの係員たちが駆け付ける。

何かありましたかと問われて、再びリョウの顔を覗き込んだ。目は閉じたままだった。

斎場からの帰りにも、三人で見たものを教え合ったが、やはりリョウの目が開いたという結論だった。

「俺たち、何かあいつにできたかなぁ」

「無理だろ。首飛んでたからな。心臓マッサージとか習ったけど、全然無理だ」

実際、その場では手が震えて何もできなかった。

「リョウさ、最後に何か言いたかったのかな」

「わかんねーよ。死んじまったんだもんよ」


その日から、三人は互いに連絡を取らずにいた。カズヤも人に会いたくなかった。腑抜けてしまったなと思わなくもなかったが、思い返すと鬱状態だったのだろう。そうしているうちに、夏休みもあと十日となった。

突然深夜に自宅の電話が鳴った。

カズヤが受話器を取ると、リョウを含めた四人と共通の悪友であるユタカだった。ユタカは興奮しているようだった。電話口で、聞き取れないような大声を上げた。

「落ち着けよ。こんな夜中に何だよ」

「タカシとマサオが死んだんだよ！　犬鳴峠のトンネルで事故ったんだ！」

その報を聞いて、カズヤは膝の力が抜け、その場にへたり込《む》んだ。

詳しく事情を訊くと、二人はリョウの事故現場に花を手向《たむ》けに出掛けて、そのまま事故で亡くなったらしい。

「死因っていうのがさ、二人のバイクの正面衝突だっていうんだよ」

「ありえるかよ！　そんなことあってたまるかよ！」

ユタカは電話口で何度も叫び声を上げた。

「警察は、無謀運転による事故だって言ってるらしいんだけどよ、あいつらがそんなことするかよ！　リョウのところに花ぁ手向けに行っただけなんだぞ！」

三人も友達が逝っちまったと泣くユタカに、カズヤは、俺だって同じだと呟くことしかできなかった。


何で俺を誘わなかったんだろう。そう思うと心がもやもやした。

そのもやもやを振り払おうと、二人の葬儀に出た後で、カズヤは一人博多を目指した。

犬鳴隧道を抜けたところでバイクを降り、三人のことを思い出しながら花を手向けた。

「俺、もうここには来ないから」

ただ一言、そう宣言するとバイクに跨り、踵を返して博多の街を目指す。

だが、トンネルの中央部を通り過ぎた瞬間に、リョウ、タカシ、マサオの三人が、背後からカズヤのバイクのハンドルを握った。

「カズヤもこっちへ来いよ！」

その言葉に叫び声を上げ、アクセルを全開にして必死に振り切る。

勢い余ったカズヤは、トンネルを出た所で激しく転倒した。

痛みと衝撃で身動きが取れずにいたところを、通りがかった軽トラの運転手に助けられ、救急搬送されて一命は取り止めた。しかし、片脚と片腕の骨折で、元通り動かせるようになるまでに、半年以上掛かったという。

# 【収録作一覧】

「この電話番号は」　吉田悠軌（書き下ろし）
「公衆電話」　村上ロック（書き下ろし）
「〇三〇五」　川奈まり子（『実話奇譚　怨色』竹書房怪談文庫より）
「一緒に来てほしい」　日高屋四郎（怪談マンスリーコンテスト11月優秀作）
「亥の子石」　梨（怪談マンスリーコンテスト11月優秀作）
「奇妙なライダー」　鬼志　仁（怪談マンスリーコンテスト11月優秀作）
「福岡トンネル」　緒音　百（怪談マンスリーコンテスト11月優秀作）
「噂」　緒音　百（怪談マンスリーコンテスト11月優秀作）
「そこにいたもの」　おがぴー（怪談マンスリーコンテスト11月優秀作）
「まっくろ」　高倉　樹（怪談マンスリーコンテスト11月優秀作）
「犬鳴の住人」　月の砂漠（怪談マンスリーコンテスト11月優秀作）
「嫌な音」　月の砂漠（怪談マンスリーコンテスト11月優秀作）
「先客」　月の砂漠（怪談マンスリーコンテスト11月優秀作）
「地図アプリ」　菊池菊千代（怪談マンスリーコンテスト11月優秀作）
「祟られ」　坂本光陽（怪談マンスリーコンテスト11月優秀作）
「犬鳴トンネルの写真」　坂本光陽（怪談マンスリーコンテスト11月優秀作）
「水」　ムーンハイツ（怪談マンスリーコンテスト11月優秀作）
「何が見える？」　天堂朱雀（怪談マンスリーコンテスト11月優秀作）
「先が見たい」　天堂朱雀（怪談マンスリーコンテスト11月優秀作）
「「目的地」の女」　キンプルヤスオ（怪談マンスリーコンテスト11月優秀作）
「トンネルにて」　アスカ（怪談マンスリーコンテスト11月優秀作）
「遠吠え」　アスカ（怪談マンスリーコンテスト11月優秀作）
「ラジオチャンネル」　雨水秀水（怪談マンスリーコンテスト11月優秀作）
「新犬鳴トンネル」　戸神重明（『怪談標本箱　毒ノ華』竹書房怪談文庫より）
「隧道事故」　神沼三平太（書き下ろし）

# 著者紹介

**村上ロック**（むらかみ・ろっく）
俳優として白石晃士監督作品に多数出演。現在は、怪談師として新宿歌舞伎町にある怪談ライブバースリラーナイト歌舞伎町店に出演。モヒカン頭に学生服という一風変わった出で立ちの語り手。

**川奈まり子**（かわな・まりこ）
イベントなどでも精力的に活躍中。『実話怪談 穢死』、「実話奇譚」シリーズ『呪情』『夜葬』『奈落』『怨色』、「一〇八怪談」シリーズの他『少年奇譚』『少女奇譚』など。共著に「瞬殺怪談」「怪談四十九夜」各シリーズ、『怪談五色 破戒』『現代怪談 地獄めぐり』など。

**日高屋四郎**（ひだかや・よんろう）
怪談は読むほかに朗読を聞いたりします。

**梨**（なし）
学生ライター。共同創作サイト「ＳＣＰ財団」などを拠点に活動。

**鬼志　仁**（きし・ひとし）
犬鳴トンネルがある福岡出身のシナリオライター。これまでに怖い話系の漫画原作の他、ゴルゴ13や名探偵コナン（アニメ）のシナリオを執筆。自称、ホラー映画研究家。

**緒音　百**（おおと・もも）
佐賀県出身。自然豊かな田舎にて怪談や奇談に慣れ親しんで育った。大学時代に上京し、民俗学を専攻。語り継ぐことの楽しさに目覚める。趣味は旅行、温泉めぐり。

**おがぴー**（おがぴー）
本名、小鹿原崇師。薬剤師。稲川怪談や落語に出てくるような怪談、地域の伝説や伝承に出てくる怪異談が好きです。自身でも蒐集した話を語りや小説で表現する取り組みをしています。怪談最恐戦２０１８&２０１９大阪予選出場。

**高倉　樹**（たかくら・いつき）
執筆・書籍デザインなど、本にまつわるよろず承りつつ、大阪天王寺にて日替わり店主の古本屋に参加中。好物はもさもさする食べ物。

**月の砂漠**（つきのさばく）
東京都在住の放送作家。趣味は落語鑑賞と寺社仏閣巡り。血圧高めの恐妻家。

**菊池菊千代**（きくち・きくちよ）
岩手県在住。男性。

**坂本光陽**（さかもと・こうよう）
大阪府出身のネット小説家。書籍化作品は、「冷蔵庫」が掲載された『悪意怪談』。漫画原作者としては、『ハイリコ』（作画：箸井地図）、『クースー！』（相本一樹名義、作画：あおきてつお）、『プロデューサー ドリさん』（作画：西山和見）など。

**ムーンハイツ**（むーんはいつ）
島根出身のフリーの翻訳家。趣味で怪談収集をしています。

**天堂朱雀**（てんどう・すざく）
徳島県生まれ。

**キンブルヤスオ**（きんぶる・やすお）
幼少の頃から稲川淳二氏の怪談話を聞いて育ち、現在まで怪談の世界に魅了され続けています。怪談作家を目指しています。

**アスカ**（あすか）
趣味の散策、写真、庭いじりに励んでおります。

**雨水秀水**（うすい・しゅうすい）
平成生まれ。青森県出身。雪国の出身ですが、未だ、雪女に出会ったことはありません。

**戸神重明**（とがみ・しげあき）
群馬県出身。単著『群馬百物語　怪談かるた』、『怪談標本箱』シリーズ『毒ノ華』『死霊ノ土地』『雨鬼』『生霊ノ左』、『恐怖箱　深怪』、編著『高崎怪談会　東国百鬼譚』他共著多数。昆虫、亀、縄文土器、日本酒を好む。

**神沼三平太**（かみぬま・さんぺいた）
神奈川県茅ヶ崎市出身。O型。髭坊主眼鏡の巨漢。大学や専門学校で非常勤講師として教鞭を取る一方で、怪異体験を幅広く蒐集する怪談おじさん。猫好き甘党タケノコ派。最近は対面で取材したり、怪談会を開催したりが憚られるのが悩みの種。成長期よ永遠なれ。

# 実話怪談　犬鳴村

2021年1月28日 初版第一刷発行

著…………………………………………………… 吉田悠軌ほか
デザイン・本文DTP ………………荻窪裕司 (design clopper)
編集協力……………………………… 中西如 (DARA Studio)

発行人…………………………………………………… 後藤明信
発行………………………………………………… 株式会社竹書房
〒102-0072　東京都千代田区飯田橋2－7－3
電話　03-3264-1576（代表）
03-3234-6208（編集）
http://www.takeshobo.co.jp
印刷・製本……………………………… 中央精版印刷株式会社



ISBN978-4-8019-2527-4 C0193
Printed in JAPAN